近代中日關係史料彙編

國民政府北伐後
中日直接衝突

Historical Documents on Modern Sino-Japanese Relations
The Sino-Japanese Conflicts After the Northern Expedition

近代中日關係史料彙編
總序

呂芳上
民國歷史文化學社社長

一

　　日本是中國的近鄰，也是強鄰，中日之間一衣帶水，本應脣齒相依，共營孫中山的大亞洲主義，互助互榮；也大可以在一念之間，分出蔣介石所規勸的敵乎友乎，和睦共處，以臻東亞大同境界。但日本國力強大之後，不此之圖，選擇走向侵略、走向戰爭，對鄰邦由蠶食而鯨吞，結果釀成的是你傷我殘的悲劇。

　　中日關係的發展，遠的不提，辛亥革命時，日本原有干涉意圖不果，改採兩面外交，著重者在滿洲特殊權益。1914 年一戰爆發，次年日方即向袁政府提出二十一條要求，嚴重妨礙中日正常外交的推進。二十一條交涉甫告段落，日本又為洪憲帝制，蛇鼠兩端，迫得袁世凱含恨以終。其後復對北洋政府在參戰、借款問題及和會、山東問題上，施其詭譎伎倆，導致五四運動的發生。1921 年的華盛頓會議，九國公約中，日本雖在特殊利益上，沒獲多大斬獲，但日本遍及東北、華北的軍事部署，其有恃無恐、肆意在華

擴張的野心，已相當明顯。

1926 年，在南方的國民革命軍，揮師北指，很快的統一中國，這不是對中國抱持野心的日本所樂見的事，於是中日關係走入新的階段。

二

1920 年代初期，在南方的國民黨勢力崛起，1926 年國民政府開府廣州，接著北伐，1927 年定都南京，於是中國對內、對外新局面形成。1927 至 1952 年間，自北伐後中日談判重訂關稅、出兵山東開始，中經九一八、上海事件、華北事變、蘆溝橋事變，以迄戰爭結束、簽訂和約，具見日本以強國步步進逼，盛氣凌人，中國則以弱勢對應，先是退讓、容忍，終以干戈相見，最後日本以敗戰自食惡果。

1961 年，逢中華民國建國五十年，民間各界特別組成「中華民國開國五十年文獻編纂委員會」，負責出版各類叢書，其中之一是 1964 年至 1966 年以「中華民國外交問題研究會」為名編印之《中日外交史料叢編》一套九種。這套《叢編》基本上以國民政府外交檔案為主，北京政府外交檔案為輔編成。雖不能對兩國從文爭到武鬥的材料，作鉅細靡遺的羅列，但對兩國關係的重大起伏，實已提供學界深入研究的基礎史料。本社鑒於這套《叢編》對近代中日關係具有很高的史料價值，除聘請學者專家新編「華北事變」資料專輯附入外，特別以《中日外交史料叢編》九種為基礎，重新增刪並編輯匯成《近代中日關係史料彙編》

（以下簡稱《彙編》），以方便學界利用。

三

　　這套《彙編》，共含十五個主題概分為十七冊，
包含約四千種文獻、三百萬字：一、《一九三〇年代
的華北特殊化》本社最新輯編本，分三冊，由黃自
進、陳佑慎、蘇聖雄主編，除利用外交部檔案外，並
加入國史館庋藏之蔣中正總統文物相關史料。主要
內容，包括長城戰役與塘沽協定（1933）、通航、
通車、通郵交涉（1934）、華北特殊化與華北自治
運動（1933-1935）、河北事件與南京政府退出華北
（1935）、宋哲元與冀察政權（1935）、中日國交調
整（1933-1935）、全面戰爭的前奏（1936）等，這
三本資料集希望以豐富史料，重新探索1930年代中
日、內外各方勢力競逐下的華北問題。二、《國民政
府北伐後中日外交關係》19世紀中葉以後，西方勢
力進入中國，因國力懸殊，中國頓成列強瓜分角逐場
所，不平等條約既是帝國主義勢力的依憑，也是中國
近代民族主義油然而生的根由。廢除不平等條約既是
國民革命目標，北伐後爭取國際地位平等是國民政府
外交努力的方向，也是中國與列強爭執的焦點。這本
資料集可以看出中日雙方為長期的、偶發的政策或事
件，形成外交角力的過程。主要內容有：國民政府定
都南京後外交政策宣言（1927）、日本退還庚款及
運用交涉（1929-1931）及中日重訂關稅協定（1926-

1935）。三、《國民政府北伐後中日直接衝突》北伐
進行過程中，發生若干涉外事件，本冊所輯南京事
件（1927-1934）、漢口事件（1927-1931）、日本第
一、二次出兵山東（1927-1929）、萬寶山事件與中村
事件（1931-1932）均與日本有關。四、《九一八事
變的發生與中國的反應》侵略滿蒙，進而兼併中國，
是日本大陸政策的目標，甲午戰爭、日俄戰爭均是向
外擴張的北進政策，1931年的瀋陽事變是日本北進
的高峰，更是二次大戰前奏。當時政府為應付嚴重變
局，特在中央政治會議內成立「特種外交委員會」，
自1931年9月至12月，共召開五十九次會議，本冊收
錄了這一重要會議的會議紀錄。五、《九一八事變後
日本對華的破壞與侵逼》九一八事變之後，日本侵華
腳步未曾停止，所謂「得寸進尺」差可形容，本冊所
輯資料，重在日軍繼續挑釁（1932-1933）、日軍暴行
與中國損失（1931-1933）、日本在東北破壞中國行政
權完整（1932）。六、《日軍侵犯上海與進攻華北》
1932年，日本藉口上海排斥日貨，嗾使日本浪人及
海軍陸戰隊滋事，毆人縱火、殺死華警。上海市府提
出抗議，日領反稱日本和尚五人被毆，提出反抗議，
要求中方道歉、賠償、懲兇、制止反日行動。1月28
日，日方迫令中國軍隊退出閘北，隨即向中方開火，
是為淞滬戰役。歷時月餘，5月初始成立停戰協定。
事實上，九一八事變後，日軍節節進迫，進攻熱河，
侵擾察冀，無底於止；中方則忍辱負重，地方飽受戰
火蹂躪，中央遭受輿論撻伐，中日關係瀕臨破裂。本

資料集收錄日軍侵犯上海之一二八事變（1932）、進犯熱河（1932-1935）、侵擾察冀及河北事件致有「塘沽協定」，及所謂「何梅協定」（1933-1935）等文件的簽訂。七、《蘆溝橋事變前後的中日外交關係》廣義的第二次中日戰爭，始於1931年九一八事變，止於1945年日本投降。十四年間又可分為兩階段：九一八至七七（1931-1937）中國是屬備戰、局部抵抗時期，日方是侵犯、挑釁期；七七之後中國是全面抗戰，日方則陷入戰爭泥沼期。前六年中日關係有戰有和，中方出於容忍、訴諸國際調停者多，後八年中方前四年獨立作戰，後四年與盟國協同作戰，對內對外，對敵對友的諸多交涉，交件中充分顯示戰前與戰爭外交的複雜面貌。本冊主要內容包含：（一）七七事變前的中日交涉（1934-1937），涉及廣田三原則、共同防共及滿洲國承認問題。（二）事變前日方的挑釁（1934-1936），又包括藏本事件、香河事件、成都事件、日人間諜行為等。（三）從七七到八一三（1937-1938），指的是全面抗戰爆發前後的中日衝突，例如蘆溝橋事變的發生、交涉、日本中國撤僑、八一三虹橋事件及戰事發展等。八、《蘆溝橋事變後中國向國際的申訴》七七事變後中日軍事衝突加劇，但鑒於雙方勢力懸殊，中國仍寄望透過國際干涉以制止日本侵華野心。本冊文件集中在中國向國聯控訴日本侵略（1937）。內容包括是年9月13日中國向國聯提出對日控訴始末。其間涉及國際間聲援、九國公約會議種種相關資料。九、《滿洲國的成立與國聯對日

本侵華的處理》1931 年九一八事變後，因國聯不能有
效制裁日本的侵略行動，日本乃放膽實施侵吞中國計
畫，一方取速戰速決之策，以亡中國；一方為掩人耳
目，實行以華制華之計，製造傀儡組織。1932 年滿洲
國之成立到1938 年扶植汪偽，均此之圖。本集主要內
容有偽滿洲國的成立經過（1932-1935）；中國控訴、
國聯之處理（1931-1933）。十、《偽組織的建立與各
國態度》本冊文件集中在華北自治問題（1935-1937）
及南京偽政權（1938-1943）之醞釀與成立。十一、
《抗戰時期封鎖與禁運事件》戰爭發生後，可注意的
事有三，一是受戰爭影響的敵境及海外華人權益維護
問題、敵僑處理及外僑保護，二是敵人對鄰近地區的
禁運、控制，三是盟國以自身利益出發的措施如何影
響中國。大抵言之，國民政府與同盟國結盟，提升了
國際地位，也保障戰後國際角色的演出。不過，同
盟關係也有摩擦和困擾，例如美國中立法案（1939-
1941）、英國封鎖緬甸運輸通路（1940）對中國造成
的損害。本集資料內容即包括：一、戰時中國政府的
護僑、護產措施；二、日本對東南亞的控制，如越南
禁運、封鎖緬甸、控制泰國；三、美國中立法案、禁
運法案及與日使野村談判；四、1940 到1945 年間日蘇
關係的轉變等。十二、《日本投降與中蘇交涉》1945
年8 月14 日，日本投降，上距七七有八年，距九一八
為時十四年，距甲午之戰五十一年，「舉凡五十年間
日本所鯨吞蠶食於我國家者，至是悉備圖籍獻還。全
勝之局，秦漢以來所未也」。中國戰勝意義自是重

大，但蔣中正委員長在當天廣播中，則不無憂慮的指
出：「抗戰是勝利了，但是還不能算是最後的勝利。」
顯然國共關係惡化、戰犯處置之外，東北接收與中蘇
交涉等棘手問題，均將一一出現。本集資料重在日本
投降經過，接收東北、接收旅大與中蘇交涉，張莘夫
被害案（1945-1947）。十三、《戰爭賠償與戰犯處
理》包含1943年同盟國準備成立戰爭罪行調查會至
1948年中國戰犯處理委會工作報告相關文件。十四、
《金山和約與中日和約的關係》交戰雙方和約簽訂，
戰爭才算結束。中華民國對日和約，遲至1952年日
降後六年又八個月才在臺北簽字，原因涉及戰後中國
變局。1945年日本敗降，1949年12月，中國共產黨
勢力席捲大陸，中華民國政府退守臺灣，這時蘇聯在
東亞勢力擴張，國際局勢鉅變，戰勝的中、美、英、
蘇、法五強，對東亞新秩序的建立，有複雜考量，同
盟52國在舊金山召開對日和會，直到1951年9月8日，
才有蘇、波、捷之外的49國參與簽訂的金山和約。
當時中華民國未獲邀參加，次年（1952）4月28日在
臺北正式簽訂中華民國對日和約，結束了中華民國與
日本的戰爭狀態。由於戰後美國在東亞扮演舉足輕重
的角色，因此也可看到中、美、日三方外交穿梭的足
跡。本集資料主要有一、中國對金山和約立場表示
（1950-1952）與金山和約的簽訂；二、中日雙邊和約
前的籌議，包括美方意向、實施範圍、中日雙邊交涉
及名稱問題的討論。十五、《中華民國對日和約》二
戰結束後，冷戰接踵而來，1949年後中國形成一國兩

府的分裂局面，蘇、英、美對誰能代表中國與日本簽
訂和約有分歧看法，1950 年韓戰爆發，英、美獲得妥
協，同盟國對日舊金山和會不邀中國參加，在美方折
衝下，日本決定與中華民國政府商訂雙邊條約。1952
年2 月，日代表河田烈與中華民國外交部長葉公超在
臺北磋商，最後雙方簽訂「中華民國與日本國間和平
條約」，雙方互換大使，直到1972 年9 月，遷移臺灣
的中華民國政府與日本維持了約二十年的正式外交關
係。這本資料集彙聚雙邊和會的一次籌備會、十八次
非正式會議及三次正式會議紀錄，完整呈現整個會議
自籌備至締約的過程，史料價值極高。

四

　　如果說抗日戰爭是八年，那麼九一八後的六年是
中國忍氣吞聲、一再退讓的隱忍時期，七七事變應是
中國人吃盡苦頭、退無可退的情況下，為求生存而奮
起的開端，此後的九十七個月，在烽火下的中國百
姓，過的何止漫漫長夜。八年中前五十三個月，中國
孤軍奮鬥，後四年才有盟軍並肩作戰，其間大小戰鬥
無數，國軍確實是勝少敗多，即使勝利前多，說國命
堪危也不為過。這次戰爭，日本固然掉入難以自拔的
泥潭，中華民國政府也在獲得遍體鱗傷的「皮洛式勝
利」（Pyrrhic Victory）後，隨即江山易色，勝利者反
變成另一場戰爭的失敗者，其後政局的演變，似乎不
容易給史家，從容寫出恰如其份的抗戰史來。

　　1970 到1990 年代，中研院近史所曾利用庫藏外

交部檔案，出版過民國時期「中日關係史料」十五種
二十一冊，選題時間範圍只限於北京政府時期（1912-
1928）。本社出版這套《彙編》，正好延續了其後國
民政府的時段。這個時段提供了局面更為複雜的交
涉、戰鼓不斷、煙硝不熄的中日關係發展史料。

　　有了新史料，就會有新議題，就可期待史家新研
究成果的出現。我們出版史料的初衷是如此。

編輯凡例

一、本書原件為俗體字、異體字者，改為正體字；無法
　　識別者，則以□符號表示；挪抬及平抬一律從略。
二、本書排版格式採用橫排，惟原文中提及如左、如
　　右等文字皆不予更改。
三、以上若有未盡之處，敬祈方家指正。

目錄

第一章
南京事件

第一節　國民政府對南京事件的態度

一　外交部對南京事件發表宣言

民國十六年三月三十一日

對於南京事件，外交部長發表下列宣言：（按該項宣言業於三月三十一日由外交部長向英國代表面誦一遍）

最近南京發生之事件，已有委員會正在從事調查，茲據該委員會初期報告，足以確定一顯著之事實，蓋南京之騷擾事件，實為反動派及反革命派之所為，彼等乘北軍及其收買之白俄兵士被擊敗退秩序未定之際，煽動逆軍餘孽（內有多人衣國民革命之制服，蓋事前取自被俘之革命軍兵士身上者）及地方流氓，對於城內外僑有襲擊及劫掠之行動。

當程潛軍長部下之軍隊尚未將南京秩序完全恢復之際，英、美、日本諸國之領署已被襲擊，並不幸有傷害外僑生命，掠奪財產情事。程軍長於三月二十四日下午五時半進城後，參加擊掠外僑之暴徒多人，即由程軍長下令處決。據報告此次騷擾，中外人受傷者六人，死亡者約自四人至六人，而與華人方面被害人數相較，則約略可得一此例（確數尚待證實），即外人之遭死傷者一人，適當於華人死傷於英美砲艦者百人以上。

國民政府一方深知痛惡於南京之騷擾行為，致英國及其他領事館被襲擊，並表示甚深之歉意，於外僑生命

之傷亡及英國領事與其他外人之被傷。一方對於英美兵
艦砲擊戶口繁多之南京之舉，將提出嚴重之抗議。

二　外交部答覆日本通牒

外交部長對日本政府通牒之答覆
民國十六年四月十四日

　　國民政府外交部長業經接悉一九二七年四月十一日
日本政府之通牒，內含擬定之條件，據稱：乃「所以迅
速解決三月二十四日國民革命軍在南京侵害日本僑民後
造成之局面。」

　　按國際公法對於國際紛爭定有和平解決之方法，今
謂日本自初即欲於此種方法以外，更求他種之解決，殊
難置信，故國民政府外交部長，當聲明：該項通牒送達
以前，日本既未與外交部長接洽此事；外交部長閱讀
該項通牒之時，祇可認定其意旨為外交上談判之初步提
議，以友誼的及迅速的方法，解決三月二十四日南京騷
擾中，日本僑民所或受之困苦與損失。

　　今日左右中國時局之勢力，為歷史上所僅見，與過
去之五十年間，左右日本之勢力使之脫離不平等條約之
束縛者，絕無二致。諒日本人士均能洞見，是以國民政
府外交部長希望日本政府能權衡其自己之利益，在目前
之局勢中，拒絕參加任何之行動或辦法，足妨國民政
府權力之擴張，並使國民政府早日統一全國之計劃受
礙者。

　　日本通牒要求「個人傷害及財產損失應完全賠償」，國民政府為答覆此項要求，準備賠償南京日本領事館所受之一切損失，其理由為：無論致成此種損失者，是否為北方逆軍，或其他人等（如三月三十一日國民政府發表之宣言中所述），但在中國域內有一友邦之領事館業被侵害，則為已成之事實也。

　　至於賠償日本僑民之個人傷害及財產損失之問題，國民政府準備在合理及必要之範圍內，賠償此種損失，但經切實證明某種損失為三月二十四日英、美砲擊南京，或為北方逆軍及挑撥者流所致成者，概不在賠償之列。

　　通牒中復要求「致成外人受有死傷侮辱及財產損失情事之軍隊長官及有關係人員，皆受相當懲罰」，此項要求，直臆斷攻克南京之革命軍，為騷擾該城之軍隊，此點業於三月三十一日國民政府發表之初次宣言中予以反證。但政府已遣派人員就該項事件之事實，作嚴密之調查，並謀證實攻克南京之程潛軍長在軍事委員會報告之重要事實。程軍長稱當攻克南京之時，在南京城內挾有鎗械之北軍，被包圍者有三萬之眾，隨軍人等亦有數千之譜，程軍長並報告業將與騷擾有關者多人，就地正法。國民政府茲特提議懲辦負責人員問題，當俟調查所得之報告以為解決。或即採政府遣派調查委員（現正在進行）之報告，或由國民政府及日本政府立即組織國際調查委員會共同調查，提出報告。

　　至通牒中要求「國民革命軍總司令應以書面道歉，並出書面擔保以後決無有妨外人生命財產之暴動及風

潮」一項。國民政府之意見，以為道歉要求，非至南京
騷擾確實證明乃由於國民革命軍之過失時，實無提出之
理由。故國民政府提議道歉之問題，亦當俟國民革命軍
有否過失之問題決定後，再行解決。此項先決問題，或
由現在進行調查之政府調查委員解決之，或由擬議之國
際委員會解決之。同時國民政府對於南京事件，深為
抱憾，前得南京日本領事館被侵害之消息時，即由外
交部長以此意轉達日本政府，茲特將其惋惜之意，重
行申明。

　　國民政府，為負責之主治機關，自不能容許無論何
人使用任何方式之暴動及風潮，以侵害外人之生命財
產。且國民政府一再宣言：外僑生命財產之保護，為其
固定之政策。故對於國民革命軍之主管當局，自當令其
不獨照此意義出書面之擔保，且必負責注意有效辦法之
實行，使外人之生命財產，咸得相當之保護。

　　雖然，國民政府為開誠布公計，有不能已於言者：
國民政府深信在華之日僑及他國僑民，對於其生命財產
之保護，苟欲得最佳之保證，非祛除民族主義之中國與
列強間諸種困難之根本原因不為功。今日列強尚欲維
持不平等條約之制度，庸詎知使外人生命財產足瀕於危
險者，即此種不平等條約為階之屬，蓋外人堅執不舍之
種種之條件，實足桎梏我政府之能力，使之不能因應咸
宜，此種條件一日不取銷，外人生命財產之危險必繼續
存在。而此種條件，自有偉大之歷史，且自覺其新力量
之國家觀之，實為一種恥辱及脅迫也。

　　因是國民政府準備任命代表，與日本政府派遣之代

表磋議民族主義之中國與日本間諸種問題之解決，此種
解決一方當保證日本之合法的利益，一方當重新改善兩
國間之國交狀況，以平等互惠為根據，確定並實施兩國
相互之利益及關係。

　　　　　　　　武漢　一九二七年四月十四日

第二節　交涉經過

一　調查委員會的報告

呈為報告現在辦理寧案調查情形，並呈送會議錄，仰祈
鑒核事。竊職等奉令調查寧案，所有日方所送損失清單
共計五十三戶，總額三百數十萬元，當在京滬書面審
核，復隨時會同日委實地調查，並陳蒙面諭。日方不提
證據不能估價各在案。查日委時向職等表示意在從速估
價，早日完結。職等以日方所開損失為數過鉅，綜核雙
方調查及日方所提少數說明材料，不足以資證實，迭向
日委以書面及口頭要求，轉飭將所有文證早日提交，以
為雙方核定估價表之參證，日委則堅請就現有之說明材
料及調查所得，決定賠償數目。職等以證據一節載在兩
國換文，不容忽視，始終要求日方提交文證，最後日委
允來函聲明，除提出者外，別無證據。但該日委迄未履
行前言。職等曾屢向日委探詢，日方被損各戶究竟是否
確無證據，該日委常露各戶間有證據不願提交，日委不
能加以強迫之意，竊揣日委遲遲未來函聲明無證據者，
蓋恐我方對於無證據各案不予賠償，惟日方所開損失為
數過鉅，難免浮濫，若不提交證據，實屬無憑估定賠償
數目。所有現在辦理寧案調查情形，理合具文，呈請鑒
核。再職會對於證據一層，迭經討論，茲謹將雙方已經
簽定之第一、第二兩次會議錄附呈備案，合併陳明。
謹呈部長、次長。
附會議錄二件。

中日寧案調查委員會委員　余紫驤　陳開懋

中日寧案調查委員第一次會議錄

民國十八年六月六日星期四上午十時，中日委員會在南京江寧交涉公署開第一次會議。

列席人員

中國委員：余紫驤　陳開懋

日本委員：清水亨　村上貞吉

議決事項：

（一）為事務進行便利計，寧案受有損害之日本人共有若干戶，應將各該日人之姓名（或團體名稱）住址及要求數目分項列表，提出此表以外，不得追加新要求。

（二）本會費用由中日兩國各別分擔。

（三）本會無選舉主席之必要，會議之日期及地點，可於其前次會議時決定，如有特別會議，日方由清水君通知，華方由余君通知。

（四）本會議之內容，除日期及地點外，一切嚴守秘密。

（五）正式會議時應備中文會議錄二份，雙方委員校對無訛，簽名蓋章，各執一份，以昭信守。

（六）下次會議定於本月十一日上午十時仍在江寧交涉公署舉行。

余紫驤　陳開懋　清水亨　村上貞吉

中日寧案調查委員會第二次會議錄

民國十八年六月十一日上午十時，中日委員會在南京江寧交涉公署，開第二次會議。

列席人員

中國委員：余紫驤　陳開懋

日本委員：清水亨　村上貞吉

中國委員提議：本案每件要求，應付詳細清單及一切足資證實。該單所列各項損失之證據，如賬簿、收條等等。

日本委員：以「證實」、「證據」等字樣，乃法律用語，意義嚴重，請分別更改刪除。

中國委員：證實二字載在兩國換文，未便更改，至於證據乃證實之主要方法，蓋因如無證據，即無法證實日僑確曾受有此項損失，是以提交證據一節，不但於本會事務進行上為必要，即於日僑方面亦有莫大利益。

日本委員：本會並非法庭，似不應提及證據，換文中證實云云，當係調查證實之意，即共同調查時，以常識估計其損失而已。

中國委員：有時或可以常識判斷，惟此乃一種通融辦法，按照兩國換文之精神，應以提交證據為原則。

日本委員：（一）寧案發生時，日僑身臨危險，極端恐怖，絕無講求保全財貨方法之餘裕，一二日前僅將其一部之貴重物品及賬簿等件，搬存於日本領館及日清公節躉船而已，且此項物件亦均悉被掠奪焚燬。（二）被害日僑多以南京為生活之根據地，與日本內地等處有本分

行之關係者極少，是以不能參照南京以外之本支行之賬簿以計算其因寧案所受之損失。（三）日僑多年僑居南京，隨時購用衣、食、住之日用必需品及設備品，如預先備具賬簿記載此種物品之事，中日人民實無此種習慣，深盼以各被害者所呈出之損失報告及說明書為根本，切實協商決定，有可信憑之證據，當然令其呈出，遇有必要且有可能性時，即傳被害者到場，共同訊問，亦無異議。

中國委員：貴國領事保護僑民異常周密，凡有危險疑慮之地方，即令日僑早日離去，漢口九江等處均有此種事實，寧案未發生時，南京附近早有戰事，危險情形不言而喻，所有南京日僑，當已於本案發生前，遷往安全地帶，所稱絕無講求保全財貨方法之餘裕云云，當日實情，恐不如是。

日本委員：南京日僑因國民革命軍在漢口九江等處，聲名甚好，十分信賴，當時均已返寧，開始營業，不料寧案突然發生，所以損失甚大，所有簿據亦已蕩然無存。

中國委員：總之，證據一層，於本會事務進行上實為必要，務請轉飭日僑將現有之各項證據，早日呈出，如無證據，應即聲明。

日本委員：有可信憑之證據，當然令其呈出。

　　最後約定，俟日本委員將全部損失清單及關係文件，送交中國委員編譯審查後，再行繼續開會討論而散。

　　　　　　　　余紫驤　陳開懋　清水亨　村上貞吉

附錄：民國十八年五月二日中日兩國換文
附：外交部長致日本駐華公使照會

民國十八年五月二日

為照會事，關於前年三月二十四日所發生之南京事件，本部長茲特向貴公使聲明：國民政府為欲增進中日兩國人民固有之友誼起見，準備將該事件從速解決之。茲本部長以國民政府名義，對於在本事件日本國領事館官吏及其他日本人所被加之憎侮非禮，並其財產上之損失及身體上之傷害，以極誠懇之態度向貴國政府深示歉意。至該事件，經調查證實完全為共產黨於國民政府遷都南京以前所煽動而發生，惟國民政府擔負其責任。

國民政府對於在華日本人之生命財產，已本其所持之政策，迭次通令軍民長官，繼續切實保護，現共產黨及其足以破壞關於中日人民友誼之惡勢力，已經消滅。故國民政府此後保護外人，自較易為力。

惟國民政府特擔任對於日本人之生命財產及其正當事業，不至再有同樣之暴行及煽動發生，合併聲明。至當時被共產黨煽動而參加不常事件之該軍隊，業已解散。國民政府且已施行切實辦法，以懲辦肇事兵卒及其他有關係之人，此則本部長堪為貴公使附帶通知者也。

國民政府準備依照國際公法通行原則，對於日本國領事館日本國官吏及其他日本人所受身體上之傷害，及財產上之損失，應從速予以充分之賠償。為此，國民政府提議組織中日調查委員會，以便證實日本人從中國人方面所受之傷害及損失，並估計每件中所應賠償之數目，相

應照請查照見復為荷。須至照會者。

附：日本駐華公使復外交部長照會

民國十八年五月二日

為照復事，接准本日照會內開（錄全文）等因，業經閱悉，查本公使對於上述來文所表示之提議，應表同意。且於國民政府在最短期內完全履行上述來文所示之責任時，本公使認定即可作為根本解決因南京事件而發生之各種問題也。相應照復查照為荷。須至照會者。

秘書韋愨呈報調查南京事件經過情形

呈為呈報調查寧案經過情形事，案奉鈞部第四十四號令開，茲派該員為本部駐寧代表，赳日前往南京，將該處最近發生案件，詳細調查，隨時具報，再江寧交涉員職務，在本部未正式委員接替以前，著該員暫行兼管江寧交涉事宜，並仰遵照此令等因，奉此遵即於四月二日首途來寧，並將調查經過情形，先後電報有案，茲更將調查所得，詳細情形，分別為鈞長陳之。竊查奉魯軍在南京潰退，係在三月二十三日下午，翌晨我軍陸續入城，當時敵軍大部份雖已退出，殘敵尚未肅清，城內秩序一時未能恢復，寧垣反革命份子乘機鼓動地方流氓及潰兵，事前取得我軍被虜兵士服裝，假扮革命軍，襲擊英、日、美三國領事館，並搶劫外僑商店、住宅、學校、醫院，以致外僑生命財產皆有損失。當城內秩序尚

未安定之際，停泊寧垣江面之英美兵艦，約於下午三時半，發炮向寧城射擊，聲震屋宇，絡繹不絕，致燬壞房屋多處及傷斃人民與兵士多人，後由世界紅萬字會會長等，至江岸向外艦遙作旗語，要求停炮，英美兵艦遂停止發炮，時已約近五時矣。旋由英艦用摩托小輪駛至江邊，將紅萬字會會長等接至英國兵艦，與該艦艦長磋商約兩小時之久，當即提出四條件：（一）由張師長輝瓚，立即下緊急命令保護外人。（二）張師長赴美兵艦商議外僑損害情形，並禁止兵士射擊。（三）二十五日午前十時，派兵護送城內外僑至江岸。（四）如上列要求不能實行，即嚴厲對付，以南京下關為軍事區域。該紅萬字會會長等接收條件之後，即登陸往見張師長輝瓚，張師長以事關重大，囑往見程總指揮，時程總指揮已於下午五時三十分入城，即派隊制止暴動，及將搶犯就地槍決多名，並出示保護外人生命財產。迨紅萬字會會長等到總指揮部，程總指揮已先備有致外國官吏公函，仍由紅萬字會會長與譯員持函送至英艦磋商多時，限定明日上午十時，須將各外僑一律由紅萬字會護送出城。翌日（即二十五日）各外領復將要求條件用書面送達總指揮部，當由程總指揮答復如下：（一）下令保護外人，自當照辦，且不待要求，即由總指揮下令矣。（二）張師長赴軍艦會議，認為無必要，因張師長不能負責辦理，此事須由外交當局交涉也。至禁止射擊，自當照辦，但希貴軍艦勿再發炮惹起意外。（三）派兵護送外僑至江岸，亦可照辦，但外人散居各地，住址莫明，應由領事通知集合一處，以便護送。（四）所提要

求，應由外交正當手續辦理，第四條所取態度，稍為失當，軍艦發炮損害我國生命財產不少，將所調查情形呈報政府，向貴國照外交慣例辦理等語。是日（即二十五日）上午十一時，紅萬字會會長及監理陶保晉，協同程總指揮所派代表唐軍法處長卜年聲明：外僑由革命軍一律保護，現在城內外各外僑概由紅萬字會及革命軍護送至兵艦，至交涉事宜，應由國民政府辦理，旋將各外僑陸續護送登艦，此寧案經過之實在情形也。茲將調查所得，關於外僑生命財產損失情形，及英美兵艦炮擊寧城、燬壞房屋及傷斃人命情形，分別另列清摺，並將照片十一張、地圖一幅，隨文附上。所有奉命調查寧案經過情形，理合備文呈報鈞長察核，仍候批示祗遵。謹呈部長陳。

秘書　韋愨

二　日本提出領館所受損失清單

解決寧案損失之方式

（一）日本領館及館員所受損失，照該館估計數目賠償。

（二）日用品（即衣履器具及書籍）如係因本案所受直接損失，照原開數目賠償百分之三十。

（三）關於商品（即出賣品）在第二款同樣情形之下，如有書面證明者，賠償百分之四十。

（四）其他各種損失，未列於上項各條者，概不賠償。

（五）依照上項所定原則，估定賠償數目後其原以日
　　　金開列之應償各款。照中日貨幣兌換時價用華
　　　幣付款。

寧案日本領館損失清單（漢譯）

十八年十一月十一日 日本使館重光參事官面交

（一）南京領事館

摘要	金額	備考
物品及設備費損害	六四、三一六・四二圓	參照另紙第一號
領事館修理費	九、一六二・一七元	參照另紙第二號
合計	金　六四、三一六・四二圓 銀　九、一六二・一七元	

（二）

被害者氏名	金額	備考
森岡正平	三、六八八・六五圓 四、五八六・七五元	參照另紙叁號
早崎真一	四、三六一・○○圓	參照另紙第四號
淺賀正美	五、五四四・○○圓	同　第五號
須藤喜右衛門	二、一二九・○○圓	同　第六號
木村三畔	九、三八五・二七圓	同　第七號
福島三房	二、○四六・四五圓 一、三五五・九七圓	同　第八號
和田豐秋	三、四七二・○○圓 一八六・○○圓	同　第九號
園田朝隆	二、二一五・○○圓	同　第十號
根本博	五、○五七・○○元 三、○○○・○○圓	同　第十一號
竹下義晴	一、九二○・○○圓	同　第十二號
合計	金　三七、七六一・三七圓 銀　一一、一八五・七二元	

（三）日本海軍

被害者及被害品	金額	備考
後藤龜喜	二〇、〇〇〇・〇〇圓	參照另紙十三號
機關槍一	二、一〇〇・〇〇圓	參照另紙十四號
同彈藥包 一、二〇〇	一二〇・〇〇圓	
測距儀一	七、〇〇〇・〇〇圓	
合計	金　二九、二二〇・〇〇圓	
總計	金　一〇五、〇八三・九四圓 銀　二〇、三四七・八九元	

要求額一覽表

（一）南京領事館

摘要	金額	備考
物品及設備費損害	六四、三一六・四二圓	參照另紙第一號
領事館修理費	九、一六二・一七元	參照另紙第二號
合計	金　六四、三一六・四二圓 銀　九、一六二・一七元	

（二）

被害者氏名	金額		備考
森岡正平	三、六八八・六五圓 四、五八六・七五元		參照另紙參號
平崎真一	四、三六一・〇〇圓		參照另紙第四號
淺賀正美	五、五四四・〇〇圓		同　第五號
須藤喜右衛門	二、一二九・〇〇圓		同　第六號
木村三畎	九、三八五・二七圓		同　第七號
福島三房	二、〇四六・四五圓 一、三五五・九七元		同　第八號
和田豐秋	三、四七二・〇〇圓 一八六・〇〇圓		同　第九號
園田朝隆	二、二一五・〇〇圓		同　第十號
根本博	五、〇五七・〇〇元 三、〇〇〇・〇〇圓		同　第十一號
竹下義晴	一、九二〇・〇〇圓		同　第十二號
合計	金　三七、七六一・三七圓 銀　一一、一八五・七二元		

（三）日本海軍

被害者及被害品	金額		備考
後藤龜喜	二〇、〇〇〇・〇〇圓		參照另紙十三號
機關槍、一	二、一〇〇・〇〇圓		參照另紙十四號
同彈藥包 一、二〇〇	一二〇・〇〇圓		
測距儀一	七、〇〇〇・〇〇圓		
合計	金　二九、二二〇・〇〇圓		
總計	金　一〇五、〇八三・九四圓 銀　二〇、三四七・八九元		

第三節　南京事件的解決

一　關於南京事件損害賠償的了解事項

甲、對於日本領事館及領事館員之損害賠償者

國民政府對於南京日本領事館及領事館員，一切損害照其所開失單，不經審查，即行支付其所開之損害之額數。

乙、關於其他日本人之損害者

一、關於估定日人損害額數之中日調查委員會，由中日兩國各派二人組織之。

二、該中日調查委員會，對於損害額數之估定，應自解決本案文件交換之日起，三個月內告竣，但經雙方同意，得延長其期間。

三、損害額數之證實估定，應以個人損害為先，然後進行團體之損害。

四、中日委員意見不一致時，經雙方同意，得選定與寧案無關之第三國人，請其仲裁。

五、關於支付償款之一切辦法，國民政府與英美決定對於英美人民何等辦法，對於日本人員亦同樣辦理。

中華民國十八年五月二日在南京。

中華民國外交部長　　王正廷（印）

日本帝國特命全權公使　芳澤謙吉（印）

二　中國將南京及漢口事件賠償金額交付日本

外交部呈行政院文

民國廿年二月廿日

為呈請行政院鑒核示遵事，案查中日寧案、漢案、濟案，前於十八年三月二十八日、五月二日與日本公使先後分別換文商定解決辦法，經於是年三月、五月呈報有案，其寧漢兩案，並經按照換文，彼此各派委員二人，組織調查委員會，以便證實及估計日本方面確受之損失。據日方提出索償數額，其貨幣單位，頗不一致，按照現在市價一律折合華幣，計寧案日本官方損失約值華幣二十八萬二千餘元，人民損失約值華幣四百二十七萬八千餘元，漢案日本官方損失約值華幣四千餘元，人民損失約值華幣九十三萬三千餘元。因濟案賠償問題未得順利進行，故寧漢兩案亦未積極進行。關於中英、中美、中法、中義各部份，早經議結，而日本之寧漢兩案，自開會審查以來，一年有餘，其實在損失情形，雖已會同詳細審查，而應償數目迄無若任何決定。乃近據駐日汪使密電報告，幣原痛論中日關係，謂彼對華政策，無論輿論如何攻擊，決不變更，對於收回租界當極力設法進行商議。東省鐵路問題，盡可發現妥協辦法。惟希望中國方面亦有一二對日表示好感之事實。查中日關係複雜，待解決者，不止一端，此次日本外相所云，是否衷心之談，雖難預測，惟彼既有上述之表示，在我似可趁機將應行解決之案，酌予磋議，以示親善，藉作

提議他案之地步。適准日本代辦面商,請將寧漢兩案,
從速解決。因將兩案償款酌定最低限度,提出討論,迭
經磋商,最後日本代辦對於寧案日方官民損害,允讓至
共以華幣七十五萬元結案。漢案日方官民損害,允讓至
共以三十萬元結案。詳加審核,除寧漢兩案日本官方損
害,接照英美等國寧案先例及中日寧案換文,應照數給
償外,寧案日本人民損失僅償華幣四十六萬餘元,較諸
要求總額,不過一成半餘,漢案償額比率,較寧案為
鉅,但據我方委員報告,漢案若實地審查議償,其數當
不止。且除去官方損失,餘二十九萬餘五千餘元,以之
賠償日本人民方面之九十三萬三千餘元之損害,亦不
及三成,擬即就此結案。是否可行,理合備文密呈鑒
核示遵。至濟案賠償問題,當另案進行辦理。合併呈
明。謹呈。

外交部致日本駐華代辦照會

民國廿年四月十三日

為照會事,關於一九二七年三月二十四日發生之南京事
件及同年四月三日發生之漢口事件,日本國領事館及日
本國人民所受之損害賠償數額問題,曾經雙方迭次變換
意見,茲奉達如下:
按照一九二九年五月二日,貴國前駐華公使芳澤與本部
長之換文所組織之兩中日調查委員會,成立迄今,雖有
年餘,而日本國領事館及日本國人民因上述事件所受之
損害賠償之確數,尚未估定。現兩國政府為解決中日懸

案，增進兩國睦誼計，對於上項損害之賠償，定一總括
數目。以期迅速實際解決。雙方同意對於寧案以華幣
七十五萬元，對於漢案以華幣三十萬元為總括數目。即
中國政府共計以華幣壹百零五萬元撥交日本政府收受，
以為賠償寧漢兩案日方各項損害之總額。再對於漢案發
生之始，曾受傷華人車夫一名，貴代辦提議給予撫卹金
華幣五百元，本部長可接受之。相應照會貴代辦查照見
復為荷，須至照會者。

外交部呈行政院文

民國廿年四月十六日

為呈明事，竊查解決中日寧漢兩案損害辦法一案，前經
呈奉先後令開案經提出國務會議決議照辦，並呈奉　國
民政府准予備案，令仰知照各等因，遵與日本代辦於本
年四月十四日換文結案，所有本案應付各款，共計華幣
壹百零五萬元正，並商財政部自本年五月起，每月撥付
十萬元，十次付清，惟第十次付十五萬元，共為華幣壹
百零五萬元，其日方對於漢案受傷華人車夫一名應給之
撫卹金華幣五百元，予我方第一次付款時，由該代辦同
時送交本部結案。理合將中日寧漢兩案辦結情形。呈請
鑒核轉呈備案。實為公使，謹呈。

日本駐華代辦致外交部照會譯文

民國廿年四月十四日

為照會事，准本日貴部長來照內開：「關於一九二七年三月二十四日發生之南京事件，及同年四月三日發生之漢口事件，日本國領事館及日本國人民所受之損害賠償數額問題，曾經雙方迭次交換意見，茲奉達如下：按照一九二九年五月二日，貴國前駐華公使芳澤與本部長之換文所組織之兩中日調查委員會，成立迄今，雖有年餘，而日本國領事館及日本國人民，因上述事件所受之損害賠償之確數，尚未估定。現兩國政府為解決中日懸案，並增進兩國睦誼計，對於上項損害之賠償，定一總括數目，以期迅速實際解決，雙方同意對於寧案以華幣七十五萬元，對於漢案以華幣三十萬元為總括數目，即中國政府共計以華幣一百零五萬元，撥交日本政府收受，以為賠償寧漢兩案日方各項損害之總額，再對於漢案發生之始，曾受傷之華人車夫一名，貴代辦提議給予撫卹金華幣五百元，本部長可接受之」等因，本代辦對於來照所稱各節，完全同意，相應照復貴部長查照為荷，須至照會者。

外交部致日本駐華公使照會

民國二十三年十一月一日

為照會事，茲准財政部函撥到中日寧漢兩案第九次即末次償款國幣壹拾伍萬元等因，相應將該款照送貴公使，

即希查收。再案查該中日寧漢兩案總共應償國幣壹百零伍萬元，茲已悉數償清，統告結束。合併聲明，即希見復為荷。並向貴公使深致敬意，須至照會者。

　　　　　　　　大日本駐華特命全權公使有吉

日本駐華公使致外交部照會

　　　　　　　　　民國廿三年十一月十九日收

為照會事，准貴部長本年十一月二日照送南京漢口兩事件，第九次（即最末次）賠償金國幣銀拾五萬元到館，業經照數收領無誤。相應照復，並申敬意。須至照會者。右照會國民政府外交部長汪。

　　　　　　　　　　　昭和九年十一月十三日

第二章
漢口事件

第一節　漢口事件發生經過

一　事件發生經過

　　漢口三日電，本日午後四時，上陸租界之日水兵一部，與華人力車因細微之故衝突，日方命陸戰隊登岸防備，一面要求中國軍隊防備租界四周，租界外之僑民，一律命退入租界。

　　又北京四日消息，此間外人所接報告，三日漢口日本水兵與華人力車夫衝突，日陸戰隊登岸警備租界。

　　又據報告，日本陸戰隊上陸員與糾察隊衝突，事態重大，日僑決撤退。

　　漢口三日下午十時電今日下午四時左右，華人群眾，在漢口日界內誼譁之前，查係有一登陸日水兵，因言語不通，與車夫發生衝突，當時除日艦陸戰隊急行登陸保護僑民外，日領事向中國當局請派陸軍防衛，頃租界外，已有中國軍隊嚴防。

　　上海四日電，某方據漢口三日電稱，本日午後中國民眾與日軍發生衝突，午後四時，日本陸戰隊上岸警戒，日租界內外僑民，一律收容於驅逐艦，居住他國租界之日僑，則一任中國軍隊之保護，但已漸向軍艦撤退中。漢口之日僑，決全部撤退，因此在大冶之天津風，在南京之時津風，已急開赴漢口，又在滬之伏見、鳥羽，亦開赴該地。

　　上海五日電，某方接漢口五日電云，昨（四日）日本時津風及天津風二艦，派陸戰隊約二十九名上岸，目

下陸戰隊合計三百十名，陸戰隊指揮官，由比良艦長岡野海軍少佐擔任，市街平穩，失踪之水兵六名，為中國方面保護，全部生命無恙，有負傷者，目下在交涉移交方法中。失踪之日僑，昨日無事收容，泰安紗廠方面預定本日午後一時撤退，租界內日人，未退去者約卅名。上海四日電，某方接漢口四日電云，國民政府為警備日界起見，今晨派最優良之華兵，配置日界四圍，其外圍以糾察隊嚴重監視群眾結果，群眾不得接近日界，目下租界內安全。

漢口市公安局致外交部湖北交涉公署公函

民國十六年四月六日

逕啟者：頃據敝屬警察第八署署長屠忠熙呈稱，為報告事，竊據日本租界居住華民報稱，中國民眾居住日本租界，為數甚多，嗣因日兵殺傷車夫一案發生，日本租界異常戒嚴，今日遽將該租界各里分大門封釘，只留小門出入，我國民眾甚感不便，亟欲遷出，而日人又不許多搬物件，迨各居民上街購買食料，而維護兩國地界之糾察隊又不許復入租界，以致我國在日界居住民眾，進退兩難，究應如何維持之處，理合報請局長鑒核，轉報外交部嚴重交涉，維持現狀，一面通知總工會轉飭該處糾察隊，驗明放行，實為公便等情。據此除分函外，相應函達貴署查照，請與日領事交涉，俾居日界華民出入自由，實為公便。此致外交部湖北交涉公署。

局長　張篤倫

二　日軍戒備情形

緊急報告

民國十六年四月五日前敵總指揮部主任彭澤湘呈

本日漢口之情形，自上午七時起至下午六時止，分述於左，日人方面戒備情形：

（一）江面有日艦四隻皆升火。

（二）日租界最嚴之地點為平和街，此地為中西半新式之街市，行人眾多，故日本人為挨近平和之孿昌小路駐本日本重兵，並設有電網。

（三）新街亦近平和街，其形勢與孿昌小路同。

（四）大正街之前有很大的空場，此地與平和街接近，日人亦駐有重兵。

（五）燕清西里北小路山崎街一帶，日兵增設沙包甚多。

（六）槐蔭街有日兵十餘名堆積沙包，橫佈電網，距我國街道僅丈餘。

（七）據中國工人在日界內逃出報告，凡在日界內日本商人，都發武器，預備屠殺中國民眾的。

（八）十時許，日人貼出佈告甚多，云有人進入他租界者，即鎗殺。

（九）江面日艦四隻升火露械，砲口初向日界，至十一日許即隨時向群眾麕集之處，有開砲模樣。

（十）午後情形雖無大變化，然日人在租界武裝，凶焰仍未鬆懈。

中日交界秩序情形：

（一）沿江日界之兩端，由糾察隊維持秩序，交通斷絕，情形平穩。

（二）燕清西里北小路山崎街一帶之日兵，與我軍相隔僅五十米達至二百米達。

（三）我軍在平和街一帶哨兵計有兩營，形勢頗呈嚴重之狀態，日本店皆閉門，且有自行打毀傢具門戶，見其政策之一斑矣。

（四）美之花一帶，有我國民眾死屍五具，血流滿地，係昨夜被日兵刺殺斃命的。

（五）日界內居民紛紛搬運傢具及衣箱等件，甚有乘機竊物者。

（六）沿日界之華街居民，紛紛遷居，有本部政治工作人員口頭勸告，勿使遷動，多屬無效，仍搬運不已。

（七）十一時槐蔭街口，有老百姓腹中流彈，傷勢甚重，至午後二時尚未抬入醫院，該人所受流彈，據云係日水兵所發，此上午十二點以前之情形也。下午二時以後，有公安局警戒警察楊海清，自弄撥殼槍，失慎擊中胸部，當即斃命。

（八）沿日租界形勢無大變，中國兵士、警察、糾察隊輪流巡查，警戒甚為得力。

我國民眾之情形：

（一）大正街之空場前面，民眾甚多，政治工作人員無法解散，當勸導時，愈來愈眾。

（二）小星街口上，有本部政治工作人員勸導，民眾
　　　秩序尚好。日租界我國工人報說，日人多跑上兵
　　　艦，他們傭僕男婦多把零星行李搬出租界，日兵
　　　正在推沙包，並荷槍鵠立甚多。形勢甚為凶猛。

（三）中國群眾，齊集德界及日界交叉處甚多。

（四）中央分校之學生，沿日界與華街交界處，分組勸
　　　導民眾。

（五）午後日界與華街交通斷絕，行人減少，民眾逐漸
　　　散去。

政治工作人員與兵士糾察隊之工作情形：

（一）沿江日界之情形，該處上午七時，本部政治工
　　　作人員數人，持旗勸導沿岸民眾云，及昨晚慘
　　　案情形，見群眾莫不磨牙擦掌，有怒不可遏之
　　　狀，繼經該政治工作人員再三勸導，說政府自
　　　有正當辦法與日本交涉，此時萬不可向租界紛
　　　擾，使外交當局有所辣手，民眾亦唯口唱諾，
　　　漸次散去。

（二）平和街、大正街一帶，皆有軍警梭巡，秩序尚
　　　好，惟政治人員當勸導群眾時，武裝日兵常有
　　　怒目相向，處處皆有引起群眾反感形態，幸該
　　　員等勸導得力，故無意外發生。

右呈中央執行委員會。

　　　　　　　　　前敵總指揮部政治主任　彭澤湘
　　　　　　　　　四月四日午後七時

第二節　交涉經過

一　各機關團體要求抗議交涉

外交部湖北交涉公署呈

民國十八年九月十三日發自漢口

南京外交部部長王鈞鑒：竊職署昨據漢案調查委員職署
秘書李蔚觀、科員徐睿增等呈賚，擬向日方提出本案中
國傷亡人數暨撫卹銀額表一份，轉呈鈞部鑒核在案，茲
又據該委員等呈稱，於九月十日將我方四三漢案傷亡人
數及撫卹銀額向日方正式提出，要求審查賠償，據日方
委員答稱，四三漢案依據貴國外交部長王及我國芳澤公
使初所交換文件觀之，貴國方面來文內雖有對於本案發
生之始，中國人民之被害者亦請予以相當撫卹等語，而
我國覆文並未承認。貴委員等茲所提出表冊，請為審
查，敝委員等不能收受，惟此事究應接受與否，應即電
呈本國外務省，請予示遵。職等力言應即接受審查，
而日方委員終以必須請示為詞，絕對不肯收下，經職
等再三爭論，日方委員只將我方傷亡人數暨撫卹總額
記下，謂須外務省電令到後，方克遵辦等語，呈請轉
呈核示前來，查日方委員既以不予接收我方要求，電
呈彼外務省核示，是職署自應據情轉呈鈞座，以備與
日使交涉，理合電陳鑒察，并乞指令祗遵。特派湖北
交涉員李芳叩文。

外交部致駐湖北交涉員電

民國十八年十月廿五日

巧代電悉,漢案可允繼續開會,日方不接收我方提件,
應仍姑與堅持,不必亟求解決,仰密飭李、徐兩委員本
此意旨,妥為因應為要,外交部敬印。

外交部令飭中日漢案我方委員

民國十九年一月八日

據李交涉員呈稱:漢案調查日方所提要求,經該委員等
繼續開會審查,而日方委員對於我方要求則謂無權接
受,須俟該國政府命令方能決定等情,查我方所提撫
卹,日方委員既以須俟該國政府命令為詞,應即促其迅
向日政府請示,在日委未接受我方要求之前,對於日方
所提損失各案,雖不妨仍予繼續開會審查,惟勿允予估
價確定賠償數目,仰仍遵照上年十月敬日部電意旨妥為
因應。此令。

漢口特別市政府咨外交部

民國十九年二月二十五日

為咨行事:案據中日漢案調查委員李蔚觀、徐睿增呈
稱,呈為呈請轉咨事,竊職等於去年五月間奉外交部令
調查中日漢案,關於我方人民傷亡撫卹,遵照部令,屢
次向日方委員要求,無如日方委員藉口該國芳澤公使覆

文對於我方撫卹當時並未承認，始終不肯接受。職等迭
將經過情形，呈請前湖北交涉員轉呈外交部各在卷，本
年一月間，職等又奉外交部第三二九四號訓令內開，據
李交涉員呈稱，漢案調查日方所提要求，經該委員等繼
續開會審查，而日方委員對於我方要求，則謂無權接
受，須俟該國政府命令方能決定等情。查我方所提撫
卹，日方委員既以須俟該國政府命令為詞，應即促其迅
向日政府請示，在日委未接受我方要求之前，對於日方
所提損失各案，雖不妨仍予繼續開會審查，惟勿允予估
價確定賠償數目，仰仍遵照上年十月敬日部電意旨，妥
為因應此令等因。奉此，當經遵照辦理，於本年一月
二十八日繼續開會之第一日，由職等要求日方委員，即
向日政府請示，以便圓滿進行，日委答稱，當即拍電請
示，其後迭准日委聲稱，該國政府尚無指令，因又面請
日委再為催促，本月二十日准日委面稱，此事業經商准
我總領事，於本月十八日電達本國外務大臣，請求直接
向貴國外交部表示意見，決定應否接受，因貴國方面所
提要求，究應接受與否，我方委員無權決定，故有是項
請求等語。竊查此事既經日本駐漢總領事電請該國外務
省向我外交部直接接洽交涉，職等應將所有情形，呈請
鈞長鑒核，迅賜轉咨外交部，以明真象，而資應付等
情。據此，相應咨請貴部查照為荷。敬咨外交部。

市長　劉文島

二　日本同意設漢口事件調查委員會

外交部致日本駐華公使照會
民國十八年五月二日

為照會事，關於民國十六年四月三日發生之漢口事件，茲本部長以國民政府名義，向貴公使聲明，本案雖經查明證實，因共產黨煽動而發生，但鑑於中日友好關係，對於本案殊為惋惜，所有日本領事館員、海軍軍人及日僑身體財產所受之損害，茲擬準據國際公法在合理及必要範圍內者，予以賠償，並組織中日調查委員會，實地調查日本人民所受之損失，以審定賠償之確數。對於本案發生之始，中國人民之被傷害者函請予以相當之撫卹，俾本案得以圓滿解決。相應照會貴公使查照見復為荷須至照會者。

日本駐華公使復外交部長照會（譯文）
民國十八年五月二日

為照會事，關於昭和二年四月三日漢口發生之事件，准五月二日貴部長照開等因，業經閱悉，本公使對於設立中日調查委員會，其委員由雙方選定，以審查及估計各日本臣民所受身體財產上一切損失，以備賠償各節表示同意。本公使認定貴國政府於最短期內履行此項責任，即可作為根本解決因漢口事件而發生之各問題也。相應照復，即請查照為荷，須至照會者。

三　工會的要求

漢口洋務總工會呈外交部文

民國十六年四月六日

謹啟者：敝會工友經「四三」慘案發生，全體失業，日人陰謀，已形事實，惟出倉卒，敝會工友尚有欠薪未付者，以及善後救濟無著等情，經敝會大會議決，提出對日人所要求條件三條（條件附後）。

仰懇鈞署向日領事提出嚴為交涉，以維工人生計，不勝盼禱待命之至。此呈外交部鈞鑒。

漢口洋務總工會　四月六號

附呈對日條件一紙

對日本「四三」慘殺陰謀破壞工友生計提出條件於後：

（一）善後救濟費，須要日領事負責按照薪水付給一年。

（二）未付薪水，須要日領事負責按照所欠一律照付。

（三）要求政府將日人財產作相當保留，以維工人生計，並作以上二件之擔保。

日本駐華代理公使致外交部照會

民國十九年八月四日

為照會事，關於昭和二年四月三日，在漢口發生之事件，經昭和四年五月二日，貴部長與芳澤公使間，依交換公文所設立之中日調查委員會，日方委員原田忠一郎

（原任日本總領事館副領事），因奉令調往他處服務，
茲於八月一日，派該館副領事高井末彥，承繼上述調查
委員之任務。相應照達，即希查照為荷。須至照會者。

四　調查事變經過及所受損失

外交部特派湖北李芳交涉員呈

民國十八年七月廿五日

為據情轉呈事，竊據漢案調查委員職署秘書李蔚觀、科
員徐睿增呈稱，竊職等前奉部令，委派為中日漢案調查
委員，遵即到差，前曾經轉請電呈在案，茲將調查最近
情形再為呈明：（甲）漢案調查之規則，職等於本年五
月二十七日在日本領事館與日方調查委員原田忠一郎、
寶妻壽作商定調查委員會調查規則：（一）兩國委員開
會定為每星期三次，但認為必要時，經雙方協議，可以
減少次數。（二）在每次散會之先商定下次開會地點與
日時，但依雙方委員之臨時情形，在開會前得協商變更
之。每星期開會三次，時期定為星期二、星期三、星期
五，又於同月二十九日商定三條：（一）漢案調查以當
時直接受有傷害者為限。（二）調查所受損害以有證據
事屬確實者為限。（三）損害銀額依正確之數目查定
之。以上規則均經雙方委員簽字以資遵守。（乙）日
方提出之賠償，日方損失計分五項：（一）領事館田
中副領事等三人衣物掠奪損害賠償洋一千二百五十五
元。（二）海軍集會所傢俱掠奪損害賠償洋三千元。

（三）豐田三郎等二十一人身體傷害賠償洋六千三百元。（四）浦川キノ死亡賠償洋三千元。（五）荒森要太郎等一百五十六件財產損失賠償洋八十二萬四千五百八十三元。現正按照日方所提損失報告書，依次審查總期事實切實證據確鑿為主。（丙）我方撫卹之調查，按照換文及外交部宥電內載本案發生之始，我方被害之車夫及其他人民應查明確實人數及損害實情，要求日方亦以撫卹。職等遵即調查漢案發生之始，車夫劉炳喜傷害事實，又張澤義等八名因傷斃命事實，陳海子等五人受傷事實，現正徵集證據，一俟估定銀額，即向日方提出，惟事隔數年，景過情遷，官廳文卷多不齊全，搜集確證，洵屬困難，理合將調查漢案經過情形，呈請轉呈鑒核等情，理合據情呈報鈞部，俯賜鑒核，並乞指令，俾便飭遵。謹呈外交部部長王。

外交部特派湖北交涉員　李芳

外交部特派湖北李芳交涉員呈

民國十八年九月十六日

漢案內中國人民身體損害查定表（第一部）

被害者姓名	原籍年齡	職業	被害事實	查定銀額	備考
劉炳喜	湖北應城縣年四十二歲	人力車工人	右胸部刀類刺傷	一〇五〇	民國十六年四月三日下午，在日本租界爕昌小路被日本水兵刺傷，即入博愛醫院住院治療，驗明傷口長約八分、寬一分餘深約壹寸半
共計洋壹千零伍拾元整					

漢案內中國人民死亡損害查定表（第二部）

被害者姓名	原籍年齡	職業	被害事實	查定銀額	備 考
張澤義	湖南省二十歲	兵士	右肩甲部貫通槍彈傷死亡	四九二〇	曾入天主堂醫院，有照片及法院驗斷書
劉亨惠	四十餘歲	人力車工人	左腳腕槍丸傷，又右腿肚貫通槍彈死亡	三四五六	有法院驗斷書
熊時元	湖北黃陂縣三十六歲	美最時洋行推貨工人	下腹部刀類刺入傷，兩膝部槍彈貫通傷死亡	四五〇〇	即熊四元，有照片及法院驗斷書
楊海清	湖北漢陽縣十八歲	保安隊隊員	鼻梁項部間槍彈貫通死亡	六一九二	有記錄及法院驗斷書
熊石南	湖北省年歲無從查悉	貨棧工人	負傷死亡	三七八〇	曾入同仁會醫院
劉志元	湖北應山縣三十歲	太古碼頭夫	左上股槍彈貫通並骨折右股槍彈傷死亡	六六九六	曾住同仁醫院有照片及法院查訊錄（即劉自元）
江心海	安徽懷寧縣二十歲	賣紙煙	腹部槍彈傷死亡	七三八〇	有法院查訊錄及驗斷書
李壽堂	湖北黃陂縣四十餘歲	人力車工人	項與左腮間槍彈貫通傷死亡	三四五六	有照片及法院驗斷書
共計洋肆萬零叁百捌拾元整					

附註：熊石南一名因年歲無從查悉故按四十歲起計算。

漢案內中國人民身體損害查定表（第三部）

被害者姓名	原籍年齡	職業	被害事實	查定銀額	備考
陳海子	湖北應城縣二十一歲	礄口煙廠工人	臀部槍彈貫通傷	七〇〇	住天主堂醫院治療，有照片及法官查訊錄
王秋生	湖北孝感縣十三歲	賣油果	外右肩胛部又右上膊皆受槍彈貫通傷	七〇〇	同
夏國珍	湖北黃陂縣二十五歲	負販	左右肘部槍彈貫通傷	七〇〇	同
周勇伢	湖北黃陂縣十九歲	農夫	右上膊槍彈貫通傷	七〇〇	住同仁醫院有照片及法院查訊錄
共計洋貳千捌百元整					

以上三部總共計洋肆萬肆仟貳百叄拾元整。

五　漢口事件各項會議紀錄

漢案會議記錄摘要

五月二十日

　　我方委員赴日領署與日方委員原田忠一郎及寶妻壽作會見作非正式之談話，准原田委員聲稱，文件尚須整理，少緩數日再為商定正式開會日期等語，餘無所議。

五月二十七日（星期一）

　　是日經雙方商定，下午在日領署正式會議簽定開會規則：（一）兩國委員開會定為每星期三次，但認為必要時經雙方協議可以減少次數。（二）在每次散會之前，商定下次開會之地點與日時，但依雙方委員之臨時

情形，在開會前得協商而變更之，又每星期開會三次之
日期定為星期二、星期三及星期五日。

五月二十九日（星期三）

是日下午開會簽定調查規則三條：（一）漢案調查
以當時直接受有損害者為限。（二）調查所受損害以有
證據事屬確實者為限。（三）損害銀額依正確之數目而
查定之，隨由日委員交來兩國原定之換文日文抄件一
份，並交來日人損害表一冊，又據聲稱尚有受損失者數
家，一俟查明再行提出等語。

經我方言明，俟將所交表冊閱覽後，嗣再詳查。

五月三十一日（星期五）

因我方委員別有要公停會一次。

六月四日（星期二）同上

六月五日（星期三）

是日下午開會，日方委員請將日本官員田中正
一、岡村正文、山本安三郎等三人所受物品損失銀
額，盡先查定交出損失報單，隨復交出日本海軍第一
遣外艦隊，在漢下士官兵集會所內軍需品及備品損失
報單，以供查閱。

我方委員聲明，依據換文內開，對於本案發生之
始，中國人民之被傷害者，亦請予以相當之撫卹，一俟
查明，當即提出據日方委員答稱，該節係因當時芳澤公

使原諒貴國外交當局環境困難，故只開在書面，而於實際上貴國方面不能據以提出，即按芳澤公使之覆文觀之，亦可明瞭等語。我方委員聲稱，關於此節我方當即具文請示，以便祗遵。

六月七日（星期五）

　　因我方委員別有要公，商定翌日補開臨時會議。

六月八日（星期六）

　　是日下午開臨時會，關於日本官員田中正一、岡村正文及山本安三郎物品損害銀額，經審議後，我方認可先行查定、簽立調查算定書一紙，存俟彙報。

六月十一日（星期二）

　　因日方放假停會一次。

六月十二日（星期三）

　　因李委員請假停會一次。

六月十四日（星期五）

　　因我方委員事務過忙，商定翌日開臨時會。

六月十五日（星期六）

　　是日下午開臨時會，關於日本海軍集會所之損害，請日方將證據文件提出審閱，日方允向該國海軍提取，俟下次開會時交閱。

六月十八日（星期二）

因徐委員別有要公停會一次。

六月十九日（星期三）

因原田委員患病停會一次。

六月二十一日（星期五）

是日下午開會，由日委員交出日本海軍集會所原有物品之帳簿，逐項詳加審閱，內載物品種類及失去數目，與日方前所交來表冊對照，尚屬相符，惟其簿內未開各物原購價目，訊據日委答稱，各物均為日本政府之官物，損失表內所列銀額，絕無虛謊之處云云，商定下次再議。

六月二十五日（星期二）

是日下午開會，關於海軍集會所物品損害銀額，我方據理主張核減。日方委員稱事與日本外務海軍各部有關，委員無權銷減，辯論良久，仍無結果。

六月二十六日（星期三）

是日下午開會，關於海軍集會所物品損害銀額，我方委員依據前所主張，仍向日方要求核減，日委謂無權照辦，商定下次再議。

六月二十八日（星期五）

是日下午，我方委員會同日方委員，前往海軍集會

所實地調查，惟該集會所業已遷移他處，只餘空房一棟，由其原用之管理員高武幸吉口頭說明，謂於四三事件發生之際，高武即避入租界，三、四日後前往該所窺看，有中國保安隊及農民協會等在內居住，並佔用各物，於其撤退時，各物隨之紛失等語，並由高武指明原來何處為寢室，何處為食堂，何屋作何使用等情，尚有遺痕可查，隨開會討論，我方仍主張核減銀額，日方不同意，遂將此項損失暫緩商議，日方委員云，俟該國海軍司令來漢與之接洽後，再行商議。

七月二日（星期二）

是日下午二時開會，關於日人身體上之損害，先就水兵六名加以審查，日方委員將該國海軍艦長所送調查文件提交我方審閱，並將日委另所提出之報單文件等，兩相照對審閱，情形尚屬相符，經我方委員說明該水兵六名，當時暫留武漢衛戍司令部稽查處，保護周至，待遇甚優，現在只應調查實際之損害，不能賠償過重。日方委員謂該軍人等遭此重害，自應優予撫卹，即希詳加考慮等語，辯論無結果。

七月三日（星期三）

是日下午二時半開會，繼續審查日本水兵六名之損害。日委原田聲稱，該水兵六名物品損失及療養費等。不拘為數若干，日方所要求者，仍屬撫卹之意，且所開銀額並不為多，係經日領署查定而始提出者云云，我方委員仍為分別核減。日委謂為數過少，殊難承認，肫懇

我方詳加考慮，商定下次再議。

七月五日（星期五）

　　因我方委員別有要公停會一次，商定七月八日補開臨時會議。

七月八日（星期一）

　　補開臨時會。

　　是日下午二時半開會，繼續審查日本水兵六名之損害銀額，我方委員仍為核減，日方委員反對，互相駁詰，無結果而散。

七月九日（星期二）

　　是日下午二時半開會，關於日本水兵六名之損害銀額，我方委員為之核減，經日委同意簽定查定書一紙，存俟彙報。

七月十日（星期三）

　　是日下午二時半開會，關於日僑服部又次郎、石井小兵衛、杉田貞介、石田倉三等四人之身體損害，由日方委員交出報單、診斷書及調查文件等，經我方委員分別審閱，餘無所議。

七月十二日（星期五）

　　是日下午二時半開會，關於日僑服部又次郎等四人之身體損害，繼續審閱文件及診斷書等，尚可證明屬

實，餘無所議。

七月十六日（星期二）

因我方委員別有要公停會一次。

七月十七日（星期三）

是日下午開會，關於服部又次郎等四人之身體損害銀額，我方委員主張分別核減，日方委員力爭，辯論無結果。

七月十九日（星期五）

是日下午開會，關於服部又次郎、石井小兵衛、杉田貞介、石田倉三等四人之身體損害銀額，繼續討論。我方核減數目，經日委同意簽立查定書一紙，存俟彙報。

六　漢口事件的解決

日本駐華代辦致外交部照會（譯文）

民國廿年七月二十日

為照會事，按照四月十四日貴部長與本代辦關於寧漢兩案損害問題之換文，對於漢案發生之始，受傷華人車夫一名，應由我方給與撫卹金華幣五百元，相應將此項卹金華幣五百元，照送貴部長。即希查收見復為荷，須至照會者。

外交部致日本駐華代辦照會

民國廿年七月廿三日

為照復事，准本月二十日來照以按照寧漢兩案換文，對於漢案受傷華人車夫一名，應由日方給與撫卹金華幣五百元，茲將此項卹金送請查收見復等因，並附上海正金銀行支票一紙，計華幣五百元到部。查此款業經收到，相應照復貴代辦查照為荷，須至照會者。

第三章
日本第一次出兵山東

第一節　日本出兵山東之意向

一　藉口保僑出兵山東

外交總長會晤日本駐華芳澤公使談話紀要
民國十六年五月卅日

沈觀鼎在座
出兵山東事

芳使（用英語）謂：前日（廿八日）奉本國政府電訓，略謂：現鑒於中國戰事之最近情形，尤鑒於寧漢事件之殷鑑，為未雨綢繆計，決由滿洲調遣兵隊約二千（即四營），開往青島，如戰局更為緊迫，則進駐濟南以及山東鐵路沿線各地，擔任保護日僑生命財產。查日人僑居青島者計有二千，散居鐵路沿線各處者約一百人，僑居濟南者約有二萬，倘戰亂波及華北，而情勢切迫時，難保不再踏寧漢事件之覆轍。尤以濟南為山東鐵路終點，距海甚遠，殊非海軍所能保護，故不得不遣派陸兵以備萬一。但此次出兵目的，全為保護僑民，決不干與南北軍事。故一俟該地方日僑生命財產無虞，當即撤退。著向中國當局詳為說明等語，尚希諒解。

總長（用英語）謂：余對於貴國政府此項措置，甚為重視，且引為慮。吾人對於外僑之保護，向極注意，而華北各地未見有事故發生，尤以青島為多年中日懸案之解決成功之埠，於掃除曩日之中日誤會，大與有力。今貴國政府竟採此種異常措置，余對之頗引為憾。凡派

兵開駐友邦，最易發生誤會，殊堪憂慮。曩者英國遣派
軍艦保護上海租界英僑，本國政府曾提出抗議。此次對
於貴國派兵魯省，自難默認，容與同僚磋商後，再行正
式表示。所提兵員是否業已遣派？又現住何處？

　　芳使云：現正由滿洲調派，擬先駐青島，於必要時
則進駐濟南等各地。此舉為異常措置，本國政府亦知
之。祇以戰局現頗發展，深恐情形緊迫時，若無適當保
護，該地方日僑或陷於極大危險，故認為舍遣兵講求防
衛方法外，無他辦法。誠如貴總長言，華北地方未嘗發
生如漢寧案之事件，然一旦戰情緊迫，誰能保其必不至
履前轍耶？本國政府此舉，實屬不得已之緊急措置也。
英國遣艦保護上海租界，貴國政府雖曾抗議，然寧案發
生後，外人咸以苟無大批外兵保護上海，恐該地外僑亦
陷於同樣危險。本國政府此次所以預為防衛，當亦慮及
此處。

　　總長云：凡一國派兵於友邦，無論其目的如何，易
滋事端，為良民所反對。

　　芳使云：貴總長似以此舉侵害主權，而傷地方人民
感情而持反對。

　　總長云：不僅地方人民，當為全國人民所反對。

　　芳使云：在本國政府方面，煞費苦心，料此舉必非
其所願也。

　　總長云：茲事重大，容與同僚磋商後，再定辦法。

　　芳使云：原定明日下午離京，已預備一切，並蒙交
通部優待旅行上予以便利。現忽奉政府令，暫行中止回
國，當即通知交部辭謝。貴總長晤及交部當局時，尚乞

轉達謝意。

　　總長云：自可代達，希望貴公使無須急行回國，以便遇事協商。

日軍佈告

大日本帝國臨時派遣軍司令官鄉田為布告事。照得。本軍臨境，實因保護日僑。惟中華民國，內爭日激。勢將波及本地。我政府原信，正式華軍足以保護外僑。但復深鑑南京漢口等處，官民酷被慘禍在案。今由自衛起見，先行派兵以備不測，誠為不得已之處置。並無其他作用。本軍由來紀律嚴正，秋毫無犯，固重善鄰之誼，確無干涉內爭之意。無論何方隊伍士民。一視同仁，不分畛域。若有不逞，加累日僑，或對本軍表示敵意，定當立懲決不寬貸。一俟內爭過境，日僑得以安居，則本軍立即撤回也。特此聲明。咸使聞知。此布，實貼。

　　　　　　　　　　　　　　昭和二年　月　日

北京政府駐日本張元節代辦報告

民國十六年六月十四日

次長鈞鑒：山東問題抗議電文，係六月二日午前十時奉到，當日譯繕準備。因田中外相是晚讌請英大使，並邀比大使赤克公使暨元節作陪，田中外相並約定三日午後三鐘接見，是以將抗議文於三日午前送去，以慎國際之

禮儀順序，並與出淵外務次官、木村亞細亞局長，須有
豫先之接洽也。日本政府僅允非極危險，不進兵濟南，
而駐屯青島之日兵仍未退，業經電陳。元節抗議無效，
負疚良深，連日復奔走於政友會要人暨貴族院議員之
間。昨貴族院議員倉知鐵吉面告，本月六日貴院開秘密
會議一次，勸告田中外相以適可時機撤退青島之日兵。
昨日閣議，白川陸相報告，濟南、京、津尚安全，可觀
望時機，不進兵濟南，亦毋庸派兵赴京、津云。又據政
友會要人密告，此次日本出兵，既非田中外相之本意，
亦非政友會之本意，因陸軍、參謀兩部堅持，實誤聽參
謀本部課長松井石根自青島來之報告。田中外相事後甚
悔，惟命令既出，威信攸關，極盼中國南北戰略之變
化，得乘勢斡旋等語。統祈密陳總長為叩，祇頌鈞祉。

　　　　　　　　　　　　　　　　　　　　　元節謹上

山東張督辦宗昌林省長憲祖致國務院電

　　　　　　　　　　　　　　　　民國十六年七月八日

特急二分北京國務院、外交部鑒：院密前以日本陸軍藉
口保僑，竟在青島登岸，妨礙中國主權，迭經電請嚴重
交涉在案。頃據報告，在青島登岸之日軍，忽乘膠縣客
軍叛變之際，派出一大部分，約千餘名，由其司令官鄉
田兼安率領，直達濟南，仍以保護日僑為口實。查膠縣
事變已派兵馳往剿辦，且夕即可根本解決，實於日本僑
民安全，並無關涉。況濟南為山東省會重地，驟見日軍
入境，商民於惶駭之餘，又無不異常憤激。除飭特派交

涉員就近力與駐濟日領交涉撤退外，即請貴院、貴部迅向駐京日使，繼續前案，嚴重抗爭，以維主權，而篤邦交，並請指示方針為幸。張宗昌、林憲祖。陽印。

二　日軍的動態

駐日本張元節代辦致外交部電

民國十六年六月三日

外交部：新外抗議。本日提出，頃晤日外部，派兵難中止，惟非至危險，不進止濟南。且祇攜小銃，劃定警備區域，已電司令官格外慎重等語。元節，三日。

山東張督辦宗昌、山東林省長憲祖致外交部電

民國十六年六月四日

國務院外交部鑒；日本派兵來魯，連日迭向駐青濟日領事切實交涉，務期中止，業經迭電馳告在案。茲據青島報稱，日軍第十四師團之第三十三旅團，計步兵、工兵、電信隊等，共約二千餘人，卅日由大連分乘長平丸、香港丸於世日午前抵青。其旅團長為鄉田兼安少將。即經極力阻止，當日尚未下船，正在繼續力爭中。該日兵竟於東日午前忽然登岸，分駐於四方之內外縣紗廠，臺大康紗廠，臺東鎮之青島絲廠等處，殊屬侵犯我國主權，實係有礙邦交，除仍飭繼續嚴重交涉，務期迅速一律撤回外，特電奉達，仍望毅力抗議，並希指示方

針，是為至盼。張宗昌、林憲祖，冬，印。

北京政府唐在章呈函

民國十六年七月五日

總、次長鈞鑒：謹密陳者：在章奉派赴魯，因沿路交通
阻隔，於六月三十日，甫抵此間。濟南、青島兩地，雖
謠言繁多，而（一）地面平安，並未發生何種變故。
（二）官廳於外僑保護周至，一切待遇及設施，不異平
時。（三）膠濟鐵路，照常通車，開到時間，亦甚準
確。（四）日僑照常營業，並未受何種妨礙。綜上各項
事實，足證日本出兵實無根據。本部兩次抗議，與事實
並不相違，實至允當。惟事實雖如上述而彼方兵已派
來，志尤堅決，似非外交上空言所能挽回，而默察日軍
中各種設備暨所攜物品，均具有永久性質。連日日軍四
出測量偵察，已入於軍事行動，尤非外交能力所及。惟
在章亟慮，尚不祗此。日本上次交還青島，逼於華會公
議，原非本意，此次各國協商，對日已有諒解，而中國
各處亂象，復予日以絕好機會，萬一青濟兩地，或發生
戰事，或不幸誤有傷損，及於日僑或日僑之財產，無論
出自何方，暨損傷程度若何，彼方必且據為口實，大做
文章，甚或重行占有膠澳地方，或膠濟鐵路之一部或全
部。雖杞人憂天，事實未必果有，而環境變遷，形勢抑
亦未可樂觀也。在章於民國三年，日德開釁時，奉派來
青島及濰縣、膠州、即墨等處，辦理軍事外交，民國
十一、二年，成立魯案協定，收回膠澳，復被命為委

員，與青島良有宿緣。滋不願復見淪陷，究應如何密為籌備或防範之處，仗候鈞裁。在章一、二日內，調查事畢，當即離青，惟津浦路交通不便，或繞由海道回京。屆時當再面陳一切，耑函，敬承崇安。

在章謹函　七月二日

山東省公署致外交部代電

民國十六年七月廿日

北京外交部鑒：據桓台縣知事庚代電稱，本月七日據張店警察分所一等警佐崔鳳桐報稱，本日九鐘由青島開到日本兵車一列，約共官兵五百餘人，分住日本俱樂部、小學校及張店領事館出張所等處，徧貼佈告，藉保護僑民為名等情。據此，查日本無端派兵到張，顯屬別有用意，究應如何對付之處，乞速電示祇遵。又據博山縣知事蒸代電稱，據警察報告，九日下午六鐘，由張店站來日本兵三十八名，居住車站附近四十畝地，理合代電呈報查考各等情到署。據此，除電復查，外軍驟入內地，至易引起人民誤會，飭即妥為監察，並將日兵一切情形，隨時查明具報備核，暨電特派交涉員外，相應電請查照辦理為荷。張宗昌、林憲祖。篠。印。

山東省公署致外交部代電

民國十六年七月廿九日

北京外交部鑒：頃據膠澳商埠局趙總辦呈稱，竊據警察

廳廳長王慶堂呈稱，於本年七月十二日，據海西區警察署電稱，昨日香港丸由大連載來日軍約一千二百名，因陰雨，故未登陸。今早八時餘，始行登岸，並攜帶機關槍十餘架，馬四十餘匹，赴奉天路鈴木絲廠駐紮等情。並據港政局呈同前情，除分呈外，理合備文呈報，仰祈鑒核等情。據此，查日本復由大連派兵赴青一案，前據該總辦電陳，業經電請查照在案。茲據前情，除指令並電特派交涉員切實交涉外，相應電請貴部查照辦理為荷。張宗昌，林憲祖。宥。印。

第二節　日本之一貫政策

一　關於日本一貫政策之報告

北京政府駐日本公使館報告

民國十六年五月廿八日

總長、次長鈞鑒：日本出兵事，業於二十五日快郵電陳，昨日閣議，決定出兵。動員令未下亦經電達。日本政府於中國之領土內出兵，貴族院暨勞農黨均反對。田中外相向各政黨表示，謂對華政策與幣原外交同一持不干涉主義，惟進一層如侵及日本既得之權利，損及日本僑民之權利利益，決不能袖手旁觀云。元節昨訪外務省情報局小村侯爵，探詢一切。伊稱出兵計畫，經陸軍省參謀本部會議決定，兵費已有準備，動員令一下，即可出發。外務省聲明書，亦經草就，尚未提出閣議。本日時事、日日兩新聞所登載者，大體近是等語。又聞蔣介石軍進至徐州為限度，似不欲深入，將來戰勢趨重在大河南北。至武漢與南京兩黨派，恐暗中業已妥協。汪精衛與蔡子民、李石曾交誼極篤，必能從中與蔣汪調和云。日本在濟南、天津等處僑民，將婦女、小孩避至青島，男子仍照常營業，決不肯拋棄其商務根據，日本政府堅持以兵力盡保護云。茲譯上時事、日日兩新聞登載，以備尊覽。祇頌鈞祉。

元節謹上　五月二十八日

附譯件五頁。

二 日本外務省聲明書

日本出兵山東外務省發表聲明書

民國十六年六月六日

最近中國動亂，南京漢口及其他地方之發生事件，每值兵亂之際，中國官憲不能充分保護，以致日本僑居臣民之生命財產受重大危害，甚至帝國名譽，為所毀損。現中國北方動搖，此種事件，難保不再發生。今戰亂將波及濟南地方，關於該地之日本僑居臣民之生命財產之安全，極為危懼。在該地日本僑民二千有餘，且該地距海岸甚遠，在於內地，與長江沿岸各地不同，不能以海軍力保護。帝國政府為豫防不祥事件之再發，不得不以陸軍保護日本僑民之生命財產。然因派兵保護分配需日，今見於戰局危迫，特應急措置，決定從滿洲部隊調二千兵隊派往青島。此項軍隊，固在保護日本僑民之安全，亦自衛上不得已之緊急措置也。對中國及中國人民，決無何等非友誼的之意，且對南北兩軍，決不干涉作戰，或妨害軍事行動。帝國政府為自衛計，派遣軍隊，乃不得已之措置，決無永駐之意，如該地方日本僑民不受戰亂之禍患時，即將所派軍隊全部撤退。茲特聲明。

山東省長公署譯轉日本出兵山東聲明書

民國十六年七月十四日

日本政府鑑於中國動亂之形勢，為保護僑居濟南二千之

敝國人民起見，於危急之際，作進出該地之準備。前曾
派遣軍隊於青島，今果接有青島方面關於最近中國軍隊
間，將在膠濟鐵路沿線開始戰端，刻該沿線地方極為危
險切迫之電報。此際若不進兵濟南，一旦鐵路交通斷
絕，即欲進兵，亦不可能，恐不能完成保護僑濟多數敝
國人民之責，而達當初派兵目的之虞。故日本政府基於
當初聲明之趣旨，決令我派遣軍隊，由青島即時進發，
此乃希望敝國僑民安全一種緊急自衛之措置。除保護日
僑外，絕無他意，當為中外所諒解無疑也。

北京政府駐日本張元節代辦呈函

民國十六年六月六日收

總長、次長鈞鑒：日本山東出兵外務省聲明書於二十八
日發表。譯呈尊覽，與日前東京日日新聞所登載者文義
不同也。特聞，祗頌鈞祉。

張元節謹肅　五月三十日

北京政府駐日本張元節代辦呈函

民國十六年六月二日

譯日日新聞

日本昭和二年五月二十七日登載

二十六日，外務省田中外相、森政務次官、出淵事務次
官商議對華政策，擬定發表聲明書，並警告中國南北兩
軍首領如左：

　　帝國政府對中國國民之運動，深表同情。關於中國內政，絕不干涉，抱定宗旨，始終一貫。但危及在華居留民生命財產或侵害條約上既得權利時，不能袖手旁觀。此次出兵，並非援助中國一黨一派，始終以保護日僑生命財產及既得權為要點，望勿誤會。務請南北兩軍之當局，深諒日本政府之苦衷，加意保護在華日人之生命財產，是所切望。

譯時事新聞

日本昭和二年五月二十七日登載

二十四日陸軍省參謀本部協議對華方策決定如左：

一、以濟南及膠濟鐵路沿線一帶為警備區域，濟南尤為重要，須嚴加保護。

二、為警備起見，所派兵力為一個混成旅團，約四千名。

三、派遣軍隊，大部分從關東軍司令官轄下滿洲駐紮師團中選充。但現在滿洲駐紮之軍隊係第十四師團及第十師團內，第十四師團現在滿鐵沿線，第十師團在大連、旅順、柳樹屯分紮。今抽派往濟南方面為一混成旅團，惟特科隊編成不足，當由內地師團選擇補充，其特科隊編成一個中隊。

　　按特科隊補充方法，昨經探詢陸軍省中人，聞以東京電信隊、輜重隊、自動車隊、千葉鐵道隊、其他各地方騎兵、飛行隊選擇補充之。業經準備，動員令一下，即可出發。元節誌。

四、所派遣之軍隊，從青島上岸，經由膠濟鐵路，赴各
　　該警備地。

五、下動員令時機，視徐州附近戰況如何而決定。關於
　　此節，陸軍省須與外務省協商辦理。

第三節　中國之抗議

一　山東地方政府向日本交涉

濟南張總司令宗昌、濟南林省長憲祖致外交部電
民國十六年五月卅日

北京國務院外交部鑒：頃據青島防守司令祝祥本，膠澳
商埠局總辦趙琪勘電稱，准駐青日總領事矢田部保吉面
稱，日政府因保護日僑起見，擬出陸軍兩千，由南滿於
三十一日開抵青島，察看情形，再赴濟南等語，請示如
何辦理等情。查山東內部極稱安靜，關於保護各國僑
商，迭飭所屬妥為辦理。故近兩三年來，青、濟僑商，
實無一因我國軍事影響而稍有妨害其生命財產之事，證
諸往昔，彰彰明甚，即各國領事及其僑商，亦均能咸喻
此意。況濟南、青島完全為中國領土，又與上海、漢口
有租界者，截然不同。乃日政府並未徵求我國意見，突
然派兵到魯，不惟侵犯中國主權，尤易引起人民誤會，
有礙邦交，實非淺鮮。除飭特派山東交涉員及祝司令、
趙總辦分向青濟日領切實交涉外，事關國家全局，至為
重大，其時間更屬迫促。務請貴院貴部飛向駐京日使提
出嚴重抗議，務使完全取消，以免障礙，而保親善。至
保護僑商安全，當由本省軍警始終擔負全責，特併聲
明，迅盼電示。張宗昌、林憲祖，統，印。

山東張總司令宗昌、山東林省長憲祖致外交部電

民國十六年六月一日

國務院外交部鑒：艷、卅兩電計達。連日迭向青濟日
領團切實交涉，輿論亦一致力爭，並向其提出兩種意
見，鄭重聲明，一則派兵問題，切望中止。一則保僑
問題，我國始終完全負責，濟南日領事已允轉電其本
國政府。據云，結果如何，彼亦殊難預料，惟頃據青
島報告，日軍二千餘名已於昨日分乘日輪長平丸、香
港丸先後到青，經我方據理勸阻，尚未下船，並有仍
於今日登岸，分駐青島、滄口、四方、大港，日人商
店工廠等處之說。駐青日領復向膠濟路局商洽備價運
濟辦法，該路局亦尚予否認。此事關係重大，又不僅
為山東一部分之外交問題，刻下時機迫促，除仍與日
領事繼續力爭，萬難承認外，特再飛電馳達，仍請貴
院貴部將向駐京日使抗議結果迅電詳告，並希指示機
宜，是為至禱。張宗昌、林憲祖，東，寅。

二　北京政府外交部向日本抗議

外交部致日本駐華公使抗議照會

民國十六年六月二日

為照會事，迭據駐日張代辦報告，日本政府決定出兵中
國北方，數約二千名。並准山東張總司令電稱，據青島
防守司令及商埠局電呈，准駐青日本總領事面告，日本

政府擬派陸軍二千，於本月三十一日開抵青島察看情
形，再赴濟南等情。查山東內部極稱安靜，關於保護各
國僑商，迭飭妥為辦理。近數年來，青濟僑商，實無因
我國軍事影響，而稍有妨害其生命財產之事。況濟南、
青島，與上海、漢口等處有租界者，截然不同。乃日本
政府突然派兵來華，不惟侵犯中國主權，且易引起人民
誤會，除派員就地交涉外，請向日使提出嚴重抗議，務
使完全取消各等語。正核辦間，續准貴公使來部面稱，
本國政府為保護僑民起見，特派軍隊赴青島，如有必
要，並擬進駐濟南，事平立即撤返等因。當以此種踰越
尋常之行動，實無理由。中國政府礙難緘默等語，奉告
貴公使在案，查青島地方，自照華府會議協定交還以
來，係屬完全中國領土，義應切實尊重。且自貴國軍隊
撤退以後，地方官維持治安，不遺餘力，外僑生命財
產，無不備受保護。近年雖各省時有軍事，而在魯外僑
從未受絲毫影響，殊無派兵保護之必要，此次貴國政
府，不先徵求中國政府同意，突然派兵來青，且欲相機
赴濟南，不能不認為違背條約、侵犯主權之行動，至深
遺憾。現在山東地方民情，已甚憤激，倘因此引起全國
人民之誤會，中國政府不能負此責任也。為此提出正式
抗議。照會貴公使查照，請即迅予轉達貴國政府，中止
派兵赴青，其已開到該埠者，應令勿遽登岸，從速折
回，俾免引起糾紛，而影響於兩國現有親睦之邦交，切
盼見復為荷。須至照會者。

三 日本政府之節略

日本駐華公使館致外交部節略（譯文）

民國十六年六月十日收

一、關於此次日本政府出兵青島事，顧外交總長於本年六月一日致日本公使照會，以青島地方自照華府會議協定交還中國，經日本軍除撤退以後，中國地方官維持治安，不遺餘力，外僑生命財產無不備受保護，近年雖各省時有軍事，而在魯外僑從未受絲毫影響，殊無派兵保護之必要。此次日本政府不先徵求中國政府同意，突然派兵來青，且欲相機赴濟南，不能不認為違背條約，侵犯主權之行動。山東地方民情現已憤激，倘因此引起全國人民之誤會，中國政府不能負此責任，用請迅予轉達日本政府，中止派兵赴青，其已開到該島者，應令勿遽登岸，從速折回，俾免影響於兩國現有親睦之邦交等因，業經日本公使閱悉。

二、查中國之最近動亂，益加激烈，故雖經中國各該當局屢次聲明，然外僑之關於生命財產以及其他權利，多被侵害，在條約上及國際法上應享之必要之保護，亦難期其充分，雖屬遺憾，不得不謂為目下之實情也。最近在南京、漢口等處，本國僑民之生命財產等蒙重大之危害，甚至日本國家名譽亦有被毀損之事。值此動亂瀰漫，將及華北一帶之時，誰能預斷其絕不再發生如上述之不詳事件耶。

山東地方，因過去之歷史，日僑在青島，現有約二萬

人。且鐵道沿線到處，均有日本臣民從事於各種合法事業者，尤在濟南，約有二千之多。今者戰禍近或將波及濟南附近，則對於自國臣民之生命財產，有重大責任之日本政府，於保護此項生命財產必要之程度及期間，採有效之自衛手段。蓋鑒於上述戰亂之實情，誠屬不得已耳。

此次遣兵青島，全根據以上事由，日本方面，對於中國及其國民，向所保持之友誼的精神，固無所渝。對於中國內政，並無何等交涉，故對於南北任何交戰部隊，亦不關與其作戰，或直接、間接妨害，或援助其軍事行動。俟戰亂之禍機既去，上述之派兵目的消滅時，即行撤退，固屬當然也。

是以此次派兵，實屬必要不得已之正當措置，用請中國政府，除設法使山東地方人民，以及中國各處人民，勿生誤會外，並期無憾於中日兩國之親交，是所至盼。

　　　　　　　　　　　昭和二年六月九日
　　　　　　　　　　　日本帝國公使館

北京政府外交部致日本駐華公使節略
　　　　　　　　　　　民國十六年六月十八日

日本派兵赴青島事，接准六月九日節略，答復本部六月一日之照會，業經閱悉，查該節略對於中國政府要求各節，毫未容納，而所述派兵不得已之理由，中國政府亦不能認為充足。緣山東地方，雖因過去之歷

史，日僑眾多，然按諸素日地方官之保護周至，暨現時軍事之實情，該處日僑之生命財產，毫無若何危險，何用採取派兵自衛之手段。況該地方因有過去歷史之關係，人民對之尤易引起不美之感想。為此中國政府，不得不維持六月一日照會所開之主張，再行提出抗議，務希轉達日本政府，即將開赴該處軍隊，迅予撤退，尤盼勿再向膠濟沿線及濟南等處移動，以致重起糾紛，仍希見復為荷。

日本駐華公使館致外交部節略（譯文）

民國十六年六月廿三日

日本公使館已將外交部對於出兵青島重行抗議之六月十六日節略，慎重閱悉。

此次日本政府出兵青島之理由，已於六月九日節略內詳細闡明，在此條約上及國際法上當然應享有之對外國人之保障，雖經中國方面聲明，而仍極不完全之現狀，日本政府在上述危險切迫之山東地方，以保護日本多數僑民之目的，而講適當之措置，蓋屬當然且正當之措置也。相應略復查照。

昭和二年六月二十三日

沈覲鼎往晤日本駐華堀代使談話紀要

民國十六年七月十一日

抗議遣兵事

鼎云：本部准濟南張總司令來電略謂，駐青日軍忽乘膠縣客軍叛變之際，派出一大部分軍隊，直達濟南，仍以保護僑民為口實。查膠縣事變，已派兵馳往剿辦，旦夕即可根本解決，況濟南為山東省會重地，驟見日軍入境，商民於惶駭之餘，又無不異常憤激，請迅向日使嚴重抗爭等語。本部前對於貴國派兵在青島登岸，妨礙我國主權，曾提出抗議，要求撤回在案，乃貴國方面不但未予容納，今且乘膠縣事變，竟開進濟南，實為侵犯主權，違背公法之行為，茲根據閣議，奉部長命，先以口頭抗議，其書面抗議，容後送達。

堀云：本國政府此舉，想係以膠縣叛變，深恐膠濟鐵路中斷，不能遣兵保護濟南日僑之故。鑒於寧漢事件之前車及最近之戰情，實屬不得已之措置。其理由業詳於前致貴部之節略內，尚希貴國當局予以諒解。

鼎云：貴國政府屢次聲明，此次派兵，純為保護日僑起見，據報膠縣事變，業經鎮定，而津浦線之戰情，亦屬順利，於濟南及附近日僑並無不安之處。是貴國遣兵之目的已失，其前提亟宜從速折回，以免誤會。又報載貴國當局，且擬由大連添派軍隊赴青，並由本國派電信及鐵道大隊前來，此等行動，尤屬費解，應請轉達貴國政府中止，以篤邦交。

堀云：膠縣事變，今幸似平定，然事變之初，未能逆睹，而津浦縣之戰情，現雖似於北軍有利，究竟如何？亦難斷言，青濟及膠濟路之日僑，深抱不安。至本國政府，意欲由大連添派軍隊，想係欲補充駐青軍隊。其擬派電信鐵道大隊，似慮交通斷絕，欲任連絡之故。凡此

皆臨時不得已之未雨綢繆之計，除保護僑民外，並無他意，須各方軍事當局，似漸亦諒解我真意矣。

鼎云：若以貴國派兵，已得敝國各方面之諒解，未免過於樂觀。貴國政府此舉，實為敝國無論南北舉國人民所反對，為中日親交計，誠屬惋惜，其影響所及，不可不望田中內閣之猛省也。

日本駐華公使館致外交部節略（譯文）

民國十六年七月十八日收

外交部根據濟南張總司令及林省長電報，以前在青島上陸之日本軍開往濟南，且將更行補充，於七月十一日以節略向日本公使館提出抗議，日本公使館業經閱悉。前此日本政府不得不向青島派兵緣由，業如本年六月九日及同月二十三日日本公使館節略所詳述。現在中國政局益加混亂，兵亂起於各地，條約上及國際法上當然應予外國人之保護，雖經中國方面一再聲明，惜終不能期待其辦到，且當此戰禍行將波及山東一帶之時，對於僑居該省日本人之生命財產，日本當局更講適當方法，係不得已之舉，中國方面，對此亦當能諒解無疑。日本軍隊之開赴濟南，亦係上述不得已之處置，並無任何他意，切望中國方面取適當處置，以免一般誤解。相應略復查照。

昭和二年七月十六日

日本駐華公使館致外交部節略（譯文）

民國十六年九月一日收

一、日本政府鑑於最近中國動亂之形勢，為保護山東地
方多數僑民之生命財產，至不得已講必要之自衛手段，
故即派兵隊至青島，已如六月九日節略所詳述。上項出
兵之理由，除保護僑民外，並無別意，日本方面對於中
國及國民所保持之友誼的精神之毫無變更，固不待言。
而對於南北任何交戰部隊，亦非關與其作戰，或於軍事
行動直接、間接予以妨害或援助。故戰亂之禍機既去，
上述派兵之目的消滅時，應即立時撤兵。亦該節略所載
明，當為中國方面所熟知也。

二、日本政府之派兵於青島也，不幸如其所預想，該方
面將成為南北交戰之區，濟南青島間鐵路沿線地方擾亂
之危險切迫，故不得已遂令我派遣軍開往濟南，以當保
護該地方我僑民之衝。其結果，雖值如此之動亂，至今
幸得完成日本僑民之保護，防止發生何等不祥事於未
然。然以最近戰局之變化，山東方面之事態，已向安
定，認為日本僑民暫時無受戰禍之虞，因此日本政府茲
根據其當初之聲明，決定此際將日本派遣軍，由山東地
方一律撤退。

三、日本公使館茲奉本國政府訓令，將前項趣旨通告北
京政府。同時，中國戰亂，早日終熄，中國及國民，得
浴和平之福利，不至有「使日本政府不得不再行派兵」
之事態出現，乃日本政府所衷心希望不置者也。

昭和二年八月三十日

第四節　各方抗議及日本撤兵

一　各方紛電抗議

山東省議會等致外交部電

民國十六年六月一日收

北京國務院外交部鈞鑒：青島來電，日本派陸軍兩千，
由南滿開抵青島，並有相機再赴濟南之語，本省軍民兩
長已急電中央嚴重抗議。查我國素重交鄰，咸以保護外
僑為要務，近年戰事發生，並無妨害僑商之事。即前歲
泰安，界首，八里窪等處戰爭激烈，外人之生命財產，
毫無損失。今雖南北爭持，而全省秩序如常，視上年尤
為平靖。乃日政府竟藉口保護日僑，並未取我國同意，
突然派兵。以法律言之，則侵害主權，以事實言之，則
迹近侵略，違背條約，妨礙邦交。事關國家全局，不得
不揭其暴行，訴諸全國，所望上自政府，下至人民，合
力同心，一致抗議，務使撤回日兵，保我疆土，公理在
人，無溴無怯，迅盼電示，無任翹跂。山東省議會、商
會、教育會、農會同叩，卅一。

大阪中華總商會呈北京政府文

民國十六年六月廿三日收

外交總長鈞鑒：日本出兵山東，曾經大部提出抗議，仰
見為國為民之至意，欽感莫名。惟至今尚無撤兵之表

示，殊屬欺人太甚，仍望據理力爭，以伸主權，而全
國體不勝盼禱之至。大阪中華總商會代表阪埠全體華
僑謹叩，巧。

中華民國十六年六月十八日

山東張總司令宗昌、山東林省長憲祖致外交部電
民國十六年七月十四日收

北京國務院外交部鑒：頃據膠澳商埠局趙總辦佳電稱，
據駐青日本總領事面稱，日本陸軍隊谿川師長復稱，由
大連帶步兵二千，內有砲兵若干來青等情。查日本派兵
來魯一案，迭經先後電請嚴重抗議在案。茲乃已來者，
尚未撤退，後來者，益復增加，侵我國權，莫此為甚。
除電復並令特派交涉員分向駐青駐濟日領切實交涉外，
特再電請貴院部，迅即查核嚴重抗議，務期先後到魯日
軍一律撤退，是為切盼。張宗昌、林憲祖，元。

二　日本撤兵及其聲明

山東督辦公署咨外交部文
民國十六年九月三日

山東督辦、山東省長公署為咨行事，據膠澳商埠局總辦
趙琪呈稱，竊據警察廳廳長王慶堂呈稱，本年九月七日
奉鈞局第一零四零號訓令內開，頃奉保安總司令張、代
理省長林微電內開，東電悉，日軍撤退，此間亦據日本

方面通告，當即轉電國務院外交部查照在案。嗣後青島各國僑商，應即飭屬隨時加意保護，所有日軍撤退情形，仰仍具報察核，特復等因。奉此，合亟令仰該廳轉飭所屬，嗣後青島各國僑商，務須隨時加意保護。並將日軍撤退情形詳細具報，以憑核轉，切切此令等因。奉此，遵查膠濟路沿線所駐日軍，於八月中旬，即節節移動，集中青島，以備撤退，均經隨時報告在案。八月二十一日，先有日軍第十師團及第十四師團三十三旅團各部兵士三百餘名，搭台中丸回國。八月二十七日，又有三十三旅團第十聯隊兵士七十三名，搭台中丸回國。九月六日，第十師團兵士五百餘名全服武裝，攜大砲八遵、子彈二千箱、大米二百包、馬一百四十餘匹、馬草一百四十件，搭龍鳳丸回國。九月七日，又有日軍第十師團司令部長谷川中將，帶隨員八十七名，第八旅團司令部中島少將，帶隨員十名，率領步兵全部計一千零九名、馬五十一匹，由二號碼頭登台中丸。又有日本輸送指揮官天野大佐，帶第十聯隊全部官兵計一千零八十七員名，隨帶機關槍五架、高射砲一架、無線電機車三輛、馬三十二匹，亦由二號碼頭登春華丸。所有給養物品，均係於本月六日經該軍運輸部用載重汽車由大港路山東倉庫起運，分裝該台中、春華二輪，計子彈各軍用品、大米、馬草等物約三千餘件，於六日先期登輪。九月八日，又有日軍三十三旅團六十三聯隊鄉田少將，帶隨員步兵及鐵道隊、電信隊、兵士共計一千五百一十名、馬三十八匹、給養馬草、子彈共約一千餘件，由二號碼頭登原田丸回國。同日，又有三十三旅團六十九聯

隊指揮官伊木少佐，帶步兵八百七十五名、馬三十一
匹、並給養馬草、大米、子彈共約一千餘件，由二號碼
頭搭神瑞丸回國。當各該軍登輪時，本埠軍政各機關及
日本商、學各界約一千五百餘人在碼頭歡送，並經廳長
帶同長警多名，在碼頭照料，均屬表示親善。現已撤退
完竣，除通令各署對於各國僑商，隨時認真保護，免貽
外人口實外，所有日本陸軍撤退情形，理合具文呈報。
仰祈鑒核轉報，實為公便等情，並據港政局報同前情，
除分呈外，理合備文呈報，仰祈鑒核等情，到署。據此
除指令並飭特派交涉員查照外，相應咨請貴部查照為
荷。此咨外交部。

督辦山東軍務善後事宜　　張宗昌

代理山東省長　　林憲祖

外交部直隸交涉員呈日總領撤兵聲明

民國十六年九月五日

關於由東撤兵之日本政府聲明書
帝國政府鑑於山東地方不靖之情形，為保護本國僑民起
見，先行暫派軍隊，前往青島。果然該地方將為南北交
戰之區，膠濟鐵路沿線地方擾亂之危險，日見切迫，故
不得不令派遣軍移駐濟南，惟雖有無此擾亂，所幸迄今
能保護日僑，而不致於發生何項不祥之事案，是則為本
國出兵之效果，深信不疑者也。近者因戰局之變化，山
東地方之事態，略為安定，暫時無若日僑受戰禍之虞。
為此帝國政府，應照當初聲明，茲定即行撤兵回國，將

來在中國各地方，不但山東地方，而日僑眾多之處，若有治安不靖，戰禍再波及日僑之虞時，帝國政府又不得不講機宜自衛之措置，特此慎重聲明。

北京政府外交部特派山東陳家麟交涉員呈

民國十六年九月二十一日

為呈報事，竊查前因魯省時局不靖，日本政府竟藉口保護僑民，特遣派日軍分駐青島、濟南以及沿路各縣，迭經交涉禁阻，迄未中止進行，一切詳細情形，前已備文呈報在案。茲因日前雖有戰事，但經我方當局竭力保護，所有日僑均獲安全，並未受有若何之損失。刻下魯省時局已日趨緩和，實更無駐兵保護之必要，經即迭向日領提出抗議，敦促退兵。九月一日始准該領正式函覆，已允即日撤退。計自本月三日起至六日止，所有前派駐紮濟南各日軍，均已陸續退出。嗣復經詳確調查，日前分駐青島以及沿路各縣各日軍，亦均一律撤盡，除已分別呈報外，理合備文呈報鈞座俯賜鑒察。實為公便，再前因分途調查，致稽時日，是以呈報稍遲，合併陳明。謹呈外交總長王。

特派山東交涉員　陳家麟

山東省公署致外交部電

民國十六年九月廿一日

北京外交部鑒：頃據青島祝司令祥本齊電稱，日本駐青

臨時派遣軍，奉該國政府命，實行撤退，業經電陳在案。該軍旋於微、魚等日，先將砲兵一中隊、工兵一小隊開往大連，所有第十師各部暨各旅團營，除參謀一名，並經理部將校四名、下士四名、留辦結束外，其餘官佐目兵概由該師長長谷川直敏暨旅長鄉田兼安中島虎吉等率領回國，於陽、齊等日全部出發，已無日軍踪跡。至在青各國僑民，業經飭屬嚴密保護等情。據此，查日軍撤退情形，業經先後電請查照在案，茲據前情，除電復外，希即查照為荷。張宗昌、林憲祖，巧，印。

第四章
日本第二次出兵山東

第一節　日本第二次出兵山東及國民政府交涉經過

一　日本出兵山東登陸青島情形

　　魯督張宗昌探悉我革命軍誓師北伐，且懾於我軍之忠勇，為民心所歸向，知非速結外援，不能阻止我軍前進；更恐根據地之濟南難保守，於是一面與孫傳芳聯合抵禦，一面派其參謀長金壽良至青島，與日本接洽密約，即以青島、膠濟之權利為代價，要求日軍驅逐我軍，並擾亂我軍後方為條件，當獲妥協，許於五月一日進兵山東，所有青島、濟南、龍口、煙台等地，完全歸日軍負責防守，並不許我軍駐紮濟南。據當日閔天培十八日電，可為確證。其電文錄左：

> 曾充山東兵工廠長等職之劉通，由濟南寄煙台禁煙局長梅少珊一函，略云：我軍如有不測，日本已於五月一日進兵山東，所有濟南、青島、煙台、龍口歸其完全擔保之中，交涉已妥，請毋庸慮等語。

　　日本久具侵略野心，今益以中國軍閥之勾引，遂更加決心。傳聞日政府當時之閣議如下：

一、陸軍省對內閣議決案，即派駐紮名古屋之第三師團步兵全部，侵略我山東，並管理我山東鐵路，至糾紛解決時為止。

二、另派步兵五中隊至天津，又日內閣有派兵至南京之
　　提議，尚未決定。

三、陸軍部會議之議案，要令山東之華軍繳械。

　　我外部聞訊，即對日提出抗議，乃日政府對我抗
議置若罔聞，仍積極籌劃實行向我國進兵，當派遣第
六師團（福田師兵士約五千）前來，分駐青島及膠州
沿線，並令於該部隊未到達之前，以駐華北軍之三個
中隊入駐濟南。

　　五月一日，山東先遣司令福田率領所部乘鐵甲車一
列、兵車二列，於午前十一時到達明水鎮車站。擬繼續
前進間，時我駐軍第二十六軍陳團長時驥到站，力予制
止，彼乃聲稱赴濟保護僑民，與我軍無涉，竟悍然不顧
而去。聞日軍當時在濟防守之規定如左：

一、第十一旅團分駐濟南至青州間，由齋藤少將統率。

二、第三十六旅團分駐青州至青島，由岩倉少將統率。

三、十三聯隊二大隊分駐博山及張店，由上村大隊長統
　　率，以鐵道隊分駐濟南、青島、張店三處，防我軍
　　破壞路線。

四、天津派來濟南之三個中隊擔任普利門外膠東車站及
　　南部五馬路一帶，第十一旅團擔任商埠，並準備土
　　囊、鐵絲網等防禦物，堵塞路口。

五、凡沿路線住有日僑之處，均駐日兵。

駐日本汪榮寶公使致外交部電

民國十七年四月十八日

新外，此間宣傳，日本閣議決定第二次出兵山東之舉，刻已逕函外務省質問，得覆再聞，特聞。榮，十八日。

駐日本汪榮寶公使致外交部電

民國十七年四月二十日

新外，昨電計達。日本出兵，本日已下動員令，派天津駐防軍步兵三個中隊四百名，約二十八號到濟南，並派本國第六師團步兵兩旅及鐵路電信隊五百餘名，赴青島膠濟沿線。二十七日預定在青島上陸，請嚴重抗議，並盼迅覆。榮，十九日。

濟南張督辦宗昌、濟南林省長憲祖致外交部電

民國十七年四月二十一日

北京國務院、外交部鑒：頃據膠澳商埠局總辦趙琪皓電稱，日本海軍陸戰隊五百名，擬於明晨九時登陸。又准駐濟日本領事西田耕一面稱，日政府擬由青島派遣陸戰隊五百名，先行登陸，並由天津派遣陸軍三中隊來濟，保護日僑，決無他意。又稱尚擬續派陸軍到青保僑，正在準備出動，尚未接到政府訓電，特先附帶通告各等語。查膠濟沿路，至為平靖，在魯各國僑民，均極安寧。此次日本藉口保僑，又復派兵到魯，實係妨礙中國

主權。除分別據理交涉外，務請貴院、貴部，就近迅向
駐京日使提出抗議，務期完全中止，用篤邦交，並盼電
復。張宗昌、林憲祖，哿。

二　日軍之無理要求

直隸孫世偉省長致外交部電

民國十七年五月七日

大元帥國務總理鈞鑒：外交總長、軍事總長勛鑒：治
密，頃據天津警務處長常之英呈稱，頃接日本駐屯軍司
令官新井龜太郎來函：敝國政府此次鑒於維持天津治安
起見，不日派遣飛艇隊，因此敝軍非一兩日，領備飛艇
著陸場不可，暫借另圖地點，擬為飛艇著陸場，請貴處
長速代敝軍轉該地主等交涉，免得誤會等語。查該司令
所指定擬設飛行場，係屬職廳所轄六區地界，約長二里
餘，寬將一里，並聞一二日即將興工，當經職廳派員調
查，該地居民皆不願租借。案關國權，且事機緊迫，應
如何辦理，乞鑒核示遵等情前來。查飛機場之設置，等
於海軍軍港，關係國權，自難允其所請，已令交涉員設
法拒絕。惟揣度情形，該司令官必續來請求，可否飭下
外交部迅向日使交涉阻止之處，出自鈞裁，並乞電示祇
遵。直隸省長孫世偉叩，陽，印。

直隸交涉員薛學海致外交部代電

民國十七年五月八日

北京外交部總長、次長鈞鑒：自濟南事變，日本紛紛增兵，昨日駐津日本司令部忽致函本埠警察廳聲稱，日本飛機不日到津，預備航駛於濟、津之間，傳遞消息，要求指定地段，以便著陸。學海當以此種要求，有關國體主權，兼以逐日飛翔，尤足搖惑人心，妨礙治安，業已陳明省長，嚴詞拒絕。但該司令部意態堅決，頗難制止，謹特電陳，伏冀鈞部照會日使，迅速設法停派飛機來華，以免引起誤會，實為公便。特派直隸交涉員薛學海叩，虞，印。

直隸孫世偉省長致外交部電

民國十七年五月八日

特急。北京大元帥國務總理鈞鑒：外交總長、軍事總長勛鑒：治密。陽電計邀睿察。日軍司令官借設飛機場一案，業令交涉署長提出三種理由，與之口頭交涉：一、吾國領土之上，不能容他國飛機任意設置機場，且吾國領空亦不容他國任意侵入。二、該日軍請借設飛機場之地，係民間私有產業，政府不能法外處分，強令租與他人。三、該國飛機驟來內地，當此軍情緊急之時，愈足令人心恐慌，於地方治安必多妨害。交涉員即以此意與該國司令官交涉，旋據復稱該司令官態度堅決，且謂一兩日內，飛機即須來津，頗有自由行動之意等語。並據

警察廳長報稱，日軍業就所指地點，標插紅旗，預備明
後日派五百人動工等情前來。查交涉手續，該司令官如
有事與此間官廳接洽，須由該國領事出面交涉，且尤不
應直接函致警務處長，置省署及交涉署於不顧。又查該
司令官致警務處長函內，有鑒於維持天津治安起見一
語，天津治安自有本國官廳負責，何勞該司令官越俎代
謀，其蔑視主權之心，已可概見。事關緊急，用特電請
飭下外交部迅向日使交涉，飭令阻止，以保國權，不勝
迫切待命之至。直隸省長孫世偉叩，陽，二印。

三 濟南慘案紀實

外交後援會濟南慘案詳實報告

民國十七年六月

（一）日軍在濟南之佈防

我軍攻克泰安，濟南即形危岌，日本帝國主義應張
孫之請，假保護日僑為名，於四月廿一日自天津乘津
浦路出兵三中隊到濟，這是日兵到濟的第一批；四月
二十五日，由青島乘膠濟車開到六百六十餘名，這是日
兵到的第二批；此後膠濟車日兵來往運輸，陸續到濟者
計三千餘名，分駐於（1）三大馬路日本使館，（2）
五大馬路濟南醫院，（3）五大馬路日本尋常高等小學
校，（4）二大馬路濟南日報社（日人機關報）各地。
四月廿八日，我軍佔領萬德消息傳到濟南，而濟南將為
我軍攻擊的第一目標，日軍隨於該日開始在各大馬路之

緯一路口以及各緯路北頭用蔴袋裝土築壘，並設置活動
電網，不准華兵侵入，儼然日本租界。

（二）日軍在濟南最初慘殺我國軍民

　　此次轟傳全世界之濟南慘案，人多知其肇禍於
五三，殊不知日倭奴此次出兵，即挾兇挑釁，於五月
一、二兩日皆有殺害吾國民眾之舉，此間多未之聞。
致五三滔天浩劫之原因，人言紛紛，有謂因宣傳員粘
貼標語而起者，有謂因吾軍欲通過膠濟路而爆發者，
有謂居民與日商口角而生者，甚則日方誣為吾軍擾及
日僑所致。總之，此事的起因雖未確悉；但為日方有
組織的挑釁，為預伏的陰謀，斯則世人所公認，吾人
且看日僑義勇團的傳單吧：

1、表告書
　　濟南一處，中外雜居，戰線縮小，居民稍有恐慌之
　　勢，不逞與黨，便乘機蠢動，所有擾亂，良民困
　　慌。日軍臨此，固期保護日僑，而日僑混在華境，
　　日軍保護之法，不得選擇中外僑舖一併而護，實為
　　常法。本日緯十一路日僑萬屋商店、大馬路日僑山
　　東倉庫會社、二馬路航空處、緯十一路總監部製造
　　處等，流氓與黨便襲掠一空。日軍治擾，流氓誤損
　　其命，誠可憫也。由來日軍不放空彈，不用空喝，
　　無論中外不逞，若有接近日軍所守地域，非有預先
　　派人表示誠意，或恐上雪合計，特此表告。
　　　　　　　　　　　　　　　　　　　　日僑義勇團白

2、敬告革命軍將士書

吾人對於全國中國國民，一致表同情之國民革命軍順利進展，謹表敬意。茲於本鄰邦人士之友誼，誠懇的呈諸一言。此次日軍來，已為敝國政府再三聲明，在保護現在地僑民之生命財產以外，決無他意，想諸君早已諒解矣。是乃因諸般情形，實有不得已之苦衷，時局平定後，立即撤兵，蓋不待贅述矣。切望諸君注意，日軍自來不以恫嚇為能事，不以空言為能事，專心一意，保護僑民，嚴肅軍律，無論中外某派，若有防犯我防區時，則取決然處置，此又不待言也。諸君之國民革命，目下將要完成，當此重大之秋，不注意的犯日本防區，惹起重大外交之不祥事，則於國民革命前途，招極大之障害，故望諸君十分注意為盼。昭和三年五月一日。

日僑義勇團白

五月一日晨，我軍攻克濟南，全市革命空氣頓形緊張。日帝國主義者乘此革命空氣初漲之時，即欲一舉而撲滅之。先是四月卅日，各路革命軍迫近濟南，東西南三面砲聲隱約可聞，人心驚惶異常。午後二點，日兵在商埠緯七八路一帶架設大砲與機關槍，凡商埠馬路口，均用麻袋築壘，外覆電網，作防禦工程，日哨兵荷槍實彈，作進攻狀，行人一律不能通過，居民睹此，競相遷移，市面大起恐慌。日兵十一旅團司令齋藤公然張帖佈告，保護膠濟路及其電線，任何方面軍隊如闖入其保衛界內，一律解除武裝。睹此佈告，莫不恨入骨髓。商埠

原是中華民族的領土，倭奴竟敢公然出示言保護，其存
心侵略，可想而知矣。及晚間十一點四十分，張宗昌賊
子北竄，嗣後機關槍聲大作，市民惴惴不能安眠，三點
後槍聲漸少。事後調查，確由日兵所放，其用意純在
擾亂治安，藉口嫁禍於我，衝突係日兵先發槍，其鐵
證如下：

　　五月一日早，緯十一路中國開設餅乾廠所駐魯軍逃
走後，有一饑民宋光占進內取餅乾充饑，日兵看見竟無
故刺殺，此即日人所指為搶其商店者，至八時，劉峙第
一軍第二十三師由西關外桿石橋沿緯一路入商埠，行
至三大馬路東首，日兵竟阻止通行。該師為避免惹起外
交，善為說辭，勉強通過，赴津浦車站。

　　十點，十一路總指揮方振武來濟，即分晤日領西田
畊一，日旅團司令齋藤，交涉日兵撤退，竟日無結果。

　　是日到夜裡，緯二路南首居民李清海出門小便，竟
被日人刺死，李氏屍體在山東新聞社（日人所辦）院
內。後來紅十字會聞知，要求抬埋，日人不許，竟將屍
體載去濟南醫院焚燒云。

　　同時又有一男子在五大馬路緯二路，被日人刺死，
屍體被日人載去。共計是日三華人被害。

　　市黨部在普利門外青年會辦公處辦公，被擄去六
人，旋放出。

　　至二日晚，日本第六師團長福田復由青島回濟，又
帶日兵六百名，是晚將各馬路口日兵所設之防禦具撤
去，日兵亦回到原住地點，其用意非因交涉而退兵，乃
為陷革命軍於不利也。

　　是日上午有徒手第一軍營長一人、連長三人、兵
十人行經濟南日報館門首，被日兵刺死，將屍體用汽
車載去。又由駐棗省銀行之總政治部捕去數人，當局
為完成北伐大業計，不願與之計較，祇好忍氣吞聲，
不理而已。

（三）日軍向我軍民大屠殺
A・五月三日的擴大
　　五月三日早六點，商家一律開門營業，熙熙攘
攘，遽然顯出太平景象來。不料九時許，我軍有一名
徒手士兵經過日兵警戒區域，日兵即將其槍斃。同時
第四集團軍宣傳員在南魏家莊粘貼標語，日人竟出而
無理阻撓；正當雙方爭執時，日兵大隊蜂擁而至，直
行開槍射擊，傷亡數人。日方對此事的宣傳如下：

　　本月三日早九點，約有南軍三十名，闖入魏家莊滿洲
　　日報販賣部日本人吉房長平家掠奪財物，天津臨時派
　　遣隊第四中隊長高久大尉令其部下約二十名前往鎮
　　壓，條川中尉即時率部下小隊赴當地鎮壓。南軍當時
　　逃入附近之南軍兵營，向條川中尉開槍，附近之南軍
　　兵士等亦一齊射擊。條川小隊在道路中央，四面受
　　擊，遂下令應戰云云。

　　同時住牌照稅局之革命軍一營，被日軍架砲包圍，
勒迫繳械。革命軍因無命令抵禦，又恐衝突一起，全市
糜亂，勢不能與之抵抗。而日軍將華軍槍械竟全行搶

掠，並將全營人馬擄去，復鳴砲南行，又將南仁義里與五大馬路東首之革軍一小部包圍繳械，將兵士擄入郵政局內，不許郵局工作。

斯時所有日兵，凡遇中國人，不論兵民，即開槍射擊，一時屍體滿街，兒童、婦女、工人、商販、學子、兵士等等，皆有死傷。死者則東倒西躺，傷者則伏地呻吟，槍聲與哭聲並作，真是耳不忍聞，目不忍睹。十點以後又開大砲轟擊，一時商埠房屋炸裂，焚燒者不知凡幾。當時知者，無線電臺炸燬，新城兵工廠轟破，塵煙並起，如入五里霧中，人心之恐怖，莫可言喻。蔣總司令、方衛戍司令見日兵蠻橫不講理，意在挑釁，遂下令中國兵士不准還槍。乃日兵更是為所欲為，槍砲猶大放不止。駐濟英、美、德各領事出任調停，日方傲然不理，仍繼續射殺不已。蔣總司令為避免荼毒地方，不惜含垢忍辱，聲明賠償日人損失，為避免衝突計，並令商埠革軍，一律退出移居商埠以外，同時要求佈防日兵亦須撤退，但事實上日兵悍然不顧。及四日槍聲猶作，住商埠的革軍因奉命不准還槍，被日兵繳械者頗多，均用繩索束縛，即在衛生池洗澡之各軍兵士，亦被擄去，衛生池伙友，亦被縛走。凡被俘虜者，均暫時寄押於五大馬路之空廠內，尚提出一部份去逼迫著助日軍作防禦的工作。後來因著人多地狹，勢難容納，遂要佔用郵政局作收容所，派員與郵務長（意大利人）再三交涉，始終沒得許可。日軍將郵局大門開放，一擁而入。是時局內人員正在工作的時間，見來勢兇惡，都停止了工作，四散奔逃。那被俘的革軍遂趕入辦公室內，郵局辦事人員

未能逃走的還有二十多人，也同那兵士一樣作了俘虜，不准外出。幸而廚房內尚有大米半包，是日真是沒至絕糧。到了第二天，郵務長與日方交涉，郵局人員才得恢復自由，各回寓所。那革命軍被囚了一日一夜，還沒得到一點餐飯。郵務局長不忍袖手旁觀饑渴慘狀，乃自己每日捐助饅頭六十斤，作為囚糧。後來日軍不贊成他的周濟行為，大加干涉，因此區區的供給，也就中止了。於是俘虜更感苦痛。據郵局職員逃出者云：「是時人數約達一千六、七百人，時時有喚出槍斃者，且終日毒打，叫哭連天，慘酷之狀，駭人聽聞。白天則反縛其手，夜間足部亦不得自由。縛時用鐵絲索手足極力勒緊，痛苦的難忍，沒有甚於此者。且日軍監視甚嚴，號哭就用鐵杖打他們的頭，輕則流血，重則暈倒。」局員言至此，不知不覺為之淚下。

至五日晚間，始將俘虜押運四大馬路南緯九路、緯十路之間清喜洋行空場內。自三日至五日郵局完全未得工作，所掛的國旗，早被日兵裂碎，改懸日旗，局長祗是敢怒不敢言，也無可如何。日軍蠻橫，較之奉系軍隊尤加十倍，言之痛心，援筆書此不覺淚下，同胞同胞，謂之何哉？

還有津浦賓館，也是在三日那一天為日兵霸佔。該路警務處職員被擄多人，亦有逃跑者。其蔑視我中華民族的主權，已達極點，是可忍孰不可忍。

B・外交部長黃郛被逐真相

外交部長黃郛於五月一日晚來濟，暫寓膠濟鐵路

賓館。三日赴日領事館交涉濟案，被扣留強迫簽字。
出後返寓，突有日兵數十名至該館門前，鳴槍數響，
意欲闖進，這時候衛兵即還擊一槍。黃部長見日兵來
勢兇惡，難保無意外事發生，即速使人持其官銜片以
示日軍官。是日軍官祇言不殺外交官吏，但須俟衛隊
繳械。黃郛不得已，遂令衛隊繳械，意在免去衝突。
及繳械後，日兵直接上樓檢查，現出土匪搶掠的行
為。黃部長見勢不佳，遂與隨員多人下樓他去，所
帶行囊，一概為日兵所劫去，這是土匪呢？還是軍隊
呢？我堂堂中華民國的外交部長，竟受倭奴土匪式的
兵士驅逐，真可恥呀！真可恨呀！

C·交涉署長蔡公時殉難詳情

　　據焦雲卿報告：「五月三日早八時，蔡君正式在交
涉署接事，召集職員辦公，余於九時到署，蔡署長已督
促職員正式工作。是時日人之槍聲已大起，署門口日兵
聚集，街上屍體臥伏漸多。蔡署長遂迅速與日領館電話
詢問因何起衝突？日領答覆：『不知因何故互起誤會，
雙方現應立即停戰』云云。但槍聲愈大，蔡署長遂急作
三函，內容不悉，但封面乃余所書：1. 致十王殿戰地委
員會張幹夫秘書轉呈蔣總司令。2. 致外交部長。3. 致戰
地委員會主席。信由蔡署長之親信廚夫往送，但結果未
送出。至下午四時許，日兵來二十餘人，擬借最高第三
層樓置大砲，向外射擊。此時全體交涉人員在樓底辦
公，皆餓一日。眾人擬出外報告，第二科長與日兵交
涉，坐汽車執中日國旗出，餘二十人在內。此時間已在

六時，余（報告者）甚覺餓，心中甚煩，乘此出外回家
一行。至戰事全體停息時，辛長勝（逃出者）來余家，
遂報告余去後詳情，彼謂：『自你去後，約在九時許，
日軍來卅餘人，全樓檢查，先俘去十餘人，為其作苦力
推車。余等所餘十八人全被日軍縛住，牽至樓角，全體
將衣服剝去。至九時半，余等被縛者按次槍斃，先將蔡
署長割去耳鼻，後槍斃之，餘挨次槍決。此時余與蔡署
長之親信廚夫互相將扣解開，迅速向外跑。至門有守門
日軍一見余，遂開槍，擊中臂肐，余仍跑，至一大草
堆，暫進內躲避，日軍以手電燈照尋未得，遂去。蔡署
長之廚夫乃未得跑出，被其擊死，余遂到余家附近之草
棚中暫避。至被日人俘去作推車者內有逃出二人，遇於
草棚中，始知前後情形，被俘去推車者亦被槍斃』。
蔡署長被慘殺後，屍體無存，不知其被棄何處，抑或
被焚也。」與蔡公時同時殉難已查得姓名及職務者，
表列如左：

張麟書　庶務

張鴻漸　參議

熊道存　科長

譚顯章　科長

徐煜基　科長

王炳潭　書記

周惠龢　辦事員

袁家達　辦事員

康辦事員　勤務兵士王立泰等七名。

劉鼎文　姚成義　姚成仁

D‧日軍之蠻橫

　　四日早七點，日兵繼續鳴槍數排，佈防區域，仍禁通行。而衛戍司令方振武則佈告商民，交涉將和平解決，勿庸驚惶。但日兵砲聲，仍時斷時續，商民競相遷移，頗似大難將臨。蓋是時市面上有一種謠傳，謂革命軍與日兵將宣戰，加之日兵砲聲未止，故有此現象。因此兩商會推舉代表，謁蔣總司令，詢問真相；答稱革軍為避免糜亂地方，決不與日軍衝突，現有黃外交部長與日人交涉，德領事從中調停，大體可算解決，條件尚未完全妥協，商民可安心營業。至晚九點後，日兵又放大砲二十餘響，商民驚醒，惶恐非常，日本僑民均移住其指定之區城，所以日兵到處射擊，毫無顧忌。斯時正在調停中，革軍步步退讓，而日兵得寸進尺，其無和平解決之心，昭昭然也。

　　其所以如此者，尚冀協助張賊於萬一也。故五日早八時，即有北軍飛機一架自西北來觀察情勢，至城內擲炸彈五枚，一落省公署前，炸燬棕房舖一家，傷亡十餘人，一落督署後，一落榜棚街，兩落東北城大舞臺，均未炸。是日日兵鳴槍百餘響，因革命軍不還槍，未釀大禍。六日早七點半。又有敵軍飛機兩架自北飛來，在城內后宰門街東首連擲炸彈二枚，炸死二十餘人。普利門外丁家堰擲一枚，炸死人數名，驢一頭。此外尚有在他處擲下數枚均未炸，旋又來雙葉飛機一架，被革命軍用高射砲射下，是飛機甫墜地，又有一機被小槍射中一

翼，亦落下。

　　是日在普利門外有照像者，乘日人射擊華人時拍照，為日人刺殺，並掠去照像機。我同胞之被槍殺者，日兵悉將屍軀焚化，或沉水中，痛哉。

　　蔣總司令於本日赴黨家莊車站，與馮總司令磋商軍事與外交。晚即佈告慘案交涉，靜候國民政府解決，革命軍專力北伐，各界亦不得自相驚擾，政治標語暫停粘帖，於是城內商店均行營業，惟商埠日兵佈防如故。又有自防區逃出者云：「日兵收俘所深夜時聞哭聲。」膠濟通車，日兵又由青島運到一列車，是時日兵增至萬人。是則我方欲和平了結，日方是非達到屠城目的不止，所以革命軍即自五日起陸續令各部移駐濟南以外，又冀避免不祥事件。計至七日晚，革軍留而未去者，僅城內代理衛戍司令蘇宗轍部二團餘人，而日軍第六師團長福田彥助即向蔣總司令提出最後通牒，限時答覆。旋因未獲全部要求，遂於八日早即下令開始攻城。

E・日軍提出之最後通牒
　　七日午後四點，日本福田師團長向革軍發出最後通牒共五條，內容如下：
一、南軍須離開濟南及膠濟路沿線兩側二十華里以外。
一、南軍治下嚴禁一切反日宣傳及其他之排日行動。
一、與騷擾及暴虐行為有關係之高級武官，處以嚴刑。
一、在日本軍面前與日軍抗爭之軍隊，解除其武裝。
一、為監視實行右列各條起見，將辛莊、張莊兩兵營
　　開放。

一、以上限十二小時內答覆。

（四）日軍之毒計

　　八日早，黨政軍各機關一齊退出濟南，日軍預料我方乘津浦車南去，故於津浦車輾輪時，九點鐘左右用機關槍向車廂掃射，市民同時斃命者五十餘名，傷者更眾，津浦車亦未得開。先是蔣總司令在黨家莊與馮總司令會議完成北伐計劃事，為日軍所悉，乃於八日公然用十五生的口徑野砲向黨家莊而對擊，意圖危害我方軍事領袖。

（五）日軍之屠城

A・日軍攻外城

　　八日早，日軍迫令守普利門之革軍解除武裝，自行遣散，革軍不允，遂即被擊。同時日軍砲擊無影山子彈藥庫，旋即逼攻新城兵工廠。晚間四點，即以砲攻擊桿石橋。八點，普利門迎仙橋一帶，則砲火交加。至十時，革軍則退居城內，日軍即趁機闖進圩門。八日上午十一時，日軍沿膠濟路小北門車站一帶安置大砲六七尊，進攻小北門，將城牆擊破一段，架機槍二架，衝鋒七次，皆被革軍擊退（是時革軍在城上西北角），其勇敢真是一當百。

日人攻打小北門置砲處 {
楊家莊
菜市
下驢市
柳甘頭
小趙家莊
角樓莊

九日日軍攻城之通告與告知：

（一）通告

城內之國民革命軍對於本司令官提議，經城內商務總會送達解除武裝通告，非惟不應，且對我軍堅示抗爭之意志，屢屢對我射擊，其敵對行動，業已明瞭，日本軍遂決行攻打濟南城，以武力達成解除武裝之目的；雖然，今後若有自行解除武裝來歸者，無論何時均釋放之。

福田司令

這個佈告的意義，就是日本軍要打倒我們的救國的國民革命軍，實行佔領我們的濟南城；若是不然，異國軍隊何敢言解除中國國軍的武裝？何敢言革命軍堅示抗爭？說到射擊，那是革命軍的自衛行動，又何得云敵對？且釁自彼開，事實彰然！

（二）告知

大日本山東派遣軍總司令福田為告知事：照得於本月國民革命軍對於日軍及日僑暴戾慘虐，不可言如。然而日軍自八日起，勇敢行動，猛烈戰鬥，除濟南城內一部敗竄兵之外，全然剿滅掃盡，茲歷城一帶秩序治

安歸於日軍節制。抑日軍軍紀嚴整，秋毫無犯，本總
司令深盼民眾安居樂業如故；殷賑若有不逞之徒潛入
日軍所在，敢為非法，無論何人，從速通報，以便處
置，日軍必定懲辦，以期保全安寧秩序。特此告知。
大日本昭和三年五月九日。

山東派遣軍總司令　福田彥助

　　同胞們，看看這張佈告的意義，就明瞭日本人把濟
南當作他們的領土了。驅逐革命軍，大言維持地方治
安，使民眾各安其途，各就其業，這不是治管領土的辦
法麼？同胞們！快快起來同他拚命吧！

革軍之守城佈告
蔣總司令臨行時，令第一軍的李團長與方振武部下約
一團守城，其守城佈告如下：濟南衛戍司令部為佈告
事，照得本軍奉命守城，具有守土之責；但為避免衝
突起見，再三讓步，退處城內；但彼方仍以大砲威
嚇，蔑視公理，非達到奪取濟南之目的不止。在我則
職守攸關，不能放棄，今日開軍民聯席會議結果，皆
主堅守宗旨，不謀而合。好在城堅易守，軍民一心，
敵人砲火雖烈，傷害究微；且已妥籌人民自衛方法，
足保無虞。除各部隊會同公安局維持城內秩序外，特
此佈告。

副司令蔣宗轍。九日。

　　這張佈告目的在守領土，絕沒有侵害他人的意義，

倭奴狼子野心，貪得無饜，我愈退讓，彼愈逼迫，蔑視
公理，破壞和平，世界上倭奴可算一等的公敵，同胞
們！我們守領土還有不是嗎？

攻城砲所佔地點

東 {
東關大街
東關山水溝高中理科
沿護城河
圩子牆上
}

西 {
估衣市街東頭電燈架上
普利門上及圩子牆上
呂萬聚後之樓上
}

南 {
南關山水溝一帶
齊魯大學女生樓上
東模範村附近
南新街蘇古農樓上
山東大學工科
西雙龍街
東雙龍街
趵突泉附近
}

北 {
圩子牆上
北園一帶仍向城發射
小北門上
鐵甲車沿膠濟路來往轟襲
}

B・九十兩日的大攻城

　　革軍於八日晚十時許離開各圩門，全部作一再退讓
的進入內城中。須知道這是我們的自衛，無論如何城是
要守的。是日晚，日軍大部亦進入圩內，隨著一齊開重

砲轟城（砲位如前表）。

我軍始終用步槍作防禦的射擊，足證我們革軍並非先開釁者。不一時砲聲加重，槍聲亦緊，從門中向城內一望，看見火光燭天。這就是日人用煤油燃燒順河街一帶。斯時昊天不弔，大風怒號，隱隱聽到一片哭聲。當是時，革軍有一部分佔著西北城牆與圩牆接近處，在一座大砲臺上，日軍有一部分在城北趙家角樓一帶，一面搶劫，亂殺亂刺，一面連接不斷的向砲臺上射擊，砲發二百餘響，最後用極大的重砲向砲臺旁邊一轟，結果房屋倒塌無算，城牆破毀一段。革軍用三個機關槍把守此口，日軍衝鋒數次，均被革軍掃射出去。這時候已經到了九日的辰刻，砲聲愈密，哭聲愈高，在南城一方面，日軍擬用齊魯大學高樓作砲臺，攻打內城，結果美人不許，於是日軍遂在齊大女生樓前蘇宅樓上置砲遙擊，同時沿山水溝一帶，砲聲如雷，東關大街及山東大學、高中理科等，均有大砲射擊，西關砲聲更加稠密。

九日五鐘以後，槍砲之聲較前尤甚，一時城內彈如傾珠，平均一分鐘即聞大砲一聲，攻城之猛，達於極點；鐵甲車往來膠濟路上，發射不已。及至午刻，則稍間歇，但日兵之刺殺市民，則迄未稍止也。

一到晚間，砲火復盛，連環大砲，大西門先行被毀。以次而打毀督省兩署、省議會、一中、一師及大東門等處，安樂街、太平寺街一帶，均因砲彈落於草房或木料上起火，不一時光焰滔天，彈流如雨。居民初則呼天搶地，東滾西竄，既則蜷伏莫動，苟延殘喘。事後觀之，焦頭爛額，存於一片焦土之中，嗚呼慘矣。

電燈電話，盡被割斷，隆隆之聲，終夜未息。及至天明（十日），進攻未已，飛機擲炸彈，倭奴爬城牆（在城西北隅）。斯時東門樓早已擊破，西門樓完全無存，南門樓毀去大半，大好城池遂成了斷垣殘址。

十日下午，槍砲之聲，又復趨重，城圩內滿布日兵之防禦具，逃難者悉被刺殺，意在置我華人於死地，以示其蠻橫而慘無人道之威風。死者死矣，生者亦三日未得一啖飯，痛苦之難忍，未有甚於此時者。此度激戰，我軍民死於倭奴砲火之下者，總有數千（參觀調查表）。自九日早起至十日夜止，日人所發砲數，據商人所記，共為二千四百八十二響。砲聲最密時，每刻至四十三響之多，砲彈有碰炸及空中炸兩種。砲聲連環有接響三聲、四聲至五聲者，連續不絕。日晚十一時許，革軍見城內居民傷亡於砲火之下者甚眾，遂開正東及新東兩門向東南退去。退時日兵阻擊，革軍奮勇衝鋒而去。至是全城入於日人之手，數十萬民眾，遂作了亡城之奴。

（六）城破以後的慘狀

A・日人舉行入城佔領式

唉，說到此處，我們不禁異常的痛心。好好的完全中國主領的土地，竟被那萬惡的倭奴佔去了。他們入城是在十一日早九時，大隊集合。到十一點半開放南門，全部蝟集在院前，舉行夙具國際土匪本色以發揚其獸性的公開掠奪，而與我們留下深刻絕大的過去、現在與將來永遠不能忘掉的奇恥大辱的入城式，每個倭奴伸開大

姆指，高呼「大日本」。曖！現在我們寫這三字，已覺
得羞愧莫名了！

B‧ 大出佈告

既至牠們入城式以後，乃大出佈告，居然以主人翁
自居，有第一次佈告書之如下：

日軍入城第一號佈告

一、南軍已退出，城內平靜如恆，日軍紀律嚴肅，
　　秋毫無犯。今日開放南門及東門，至明日上午
　　八點止，如願出城者，速於所定時間內退出，
　　決無妨礙。

二、良民如願營業者，可速照常營業。

三、城內治安之維持，商會及有力團體協力維持，日
　　軍主持之。

四、預防發生搶奪不祥事件，本日早數處派日軍
　　駐守之。

五、如有危日人生命或掠奪財產物件者，立行嚴
　　重處辦。

　　　　　　　　　　　　　　日軍總司令　福田彥助

佈告說秋毫無犯，事實上姦淫擄掠，軍紀何在，
遑言嚴肅。日人不搶，何人肯搶？若派日軍駐守，搶
的更乾淨。

民眾生命傷亡殆盡，財產盡被劫奪，何得云照常營
業？佈告之意義，明示濟南為其領土，請大家注意。

還有幾件重要的佈告，亦書之於此：

佈告

一、南軍既已退去，城內外自能平靖，故此安心，且
希望各處商店即行開市如常，吾所望也。

二、千佛山及城外附近居民有多數南軍，從而造出許
多謠言，因此日軍對於各處增派得力兵力，一律
掃蕩，以除民害。即希安心。

三、城內及其他處所如有故意發生不逞之事故，以及
放出謠言者，自應得有嚴重之處分；如敢嘗試，
決不寬宥，切切慎之。

昭和三年五月十四日

日軍總司令　福田彥助

告中國民眾

此次我日本出兵，原為保護僑民，業已聲明在
案，諒早為中國各界所洞悉，勿庸贅述。惟此次慘事
發生，親目眼見者，固已不少，而不明真相者實居多
數，是以又不得不為商民申告者也。我軍之目的，專
在保護商民。當北軍退去而南軍續來之際，誠所謂一
髮千鈞之時，而在濟日僑之生命財產，頓呈危險之
相，故在商埠各要路口設卡，嚴重戒備。幸賴未即
發生意外事件，遂與蔣總司令議妥維持治安的辦法。
蔣總司令亦承認擔負保全之責，而我方略不遲疑，遂
將各路口之防備概行撤去，此乃路人共見，並非飾詞
也。希望將此危機安全渡過，以期求永久之和平，並
依照宣言撤兵，保持中日素來之親善。不意禍從天
降，誠為一大憾事也。乃國民軍及不肖匪徒見我軍防
卡撤去，以為有隙可乘，初至我日本商舖，假以買物

為名，言語不合，將我國旗損壞，繼又將財物搶去。此種現象發生，我軍人負有保護之責任，不能不加以取締；而南軍遂以全體列出，持械亂擊，緯一路迤東、普利門西至西館驛街，以及官扎營、緯十路一帶之日本商舖，無一倖免者，其財產之損失今且勿論，其男女老幼被害之慘狀，實不忍聞，何況目睹，斯可忍孰不可忍。萬不得已出此手段，將匪軍逐出境外，城內之南軍亦為在商埠作亂之殘黨，據城頑抗，不聽忠告，且開槍擊斃使者多人，無奈只得以砲逐之，以致玉石俱焚，此不得已之苦衷也，尚望商界諸君諒之。今後國家大計，自有解決之法。仰各商民安分守己，自行營業，慎勿聽信謠言，自相驚擾。現時治安，暫由日軍擔任，倘有不肖之徒造謠生事，指官詐財者，一經查出，決不寬貸。法律不分中外，犯罪者天下一理。切切此佈。

昭和三年五月十四日
日軍義勇團

律條

黨軍遠去，濟南一帶雖歸安靜，仍有不逞之徒及暴民之掠奪，戒嚴狀態，在所不免，是以軍事之必要，及濟南中外住民之生命財產保護上為左列之措置，其各知照：（一）集會或新聞雜誌、廣告宣傳等，認為於軍事及治安維持上有妨害者，停止之。（二）造謠言蜚話或劫良民者，嚴行處罰。（三）不得有武器炸藥

及其他有涉危險之物。（四）監視郵政、電報、電話
局，必要時拆閱郵信。（五）有危及日軍之生存及破
壞其通信線者，處以極刑。

昭和三年五月十五日
濟南警備司令齋藤

就這佈告的字裡行間，看出不是日人自作，有其走
狗的手筆。

其他牠們發表了很多文件，皆是公開的掩飾與代行
我們的職權，容我們另作全數的報告。

C・大搜檢
牠們入城前後，就大事搜查。牠們搜檢的目標，說
是在革命軍與革命軍的便衣隊；但遇著下列無論那一條
事，就作證據，立刻就用刺刀刺死：

1、推平頂頭與學生式頭者。
2、女子剪髮者。
3、穿草鞋者。
4、有皮帶者。
5、有灰色衣服者。
6、有南方人名片者。
7、見他們害怕者。
8、有中央鈔票者。
9、若受檢查時開門遲者。
10、有自衛之槍械者。

11、帶開國紀念幣者。

12、家中有關於軍用品者。

13、穿皮鞋者。

14、南方口音者。

15、帶照相機者。

16、鑲金牙者。

17、學生式的青年。

18、家藏黨國旗者、有國民黨書籍者。

現在我們略舉幾項事實，以作證明：

五月十三日，商埠七大馬路街中有十八個人正走路，這十八個人操著南方口音，穿著皮鞋，向後梳著頭髮，接著來了幾個日本兵，立刻縛住他們，拉到濟南醫院裡去，每人身上用刺刀刺遍；將長髮者操到手中，連肉皮帶頭髮一齊削下來，有一個頭頸被轉了四圈，然後用刀割下來，將皮帶放在屍體上說：「這就是便衣隊之證。」這十八人中，二人是商埠美豐洋行的工人，其餘盡是市民，後經美豐洋行交涉，領出屍體，自行掩埋。

五月十一日，西關東流水一家共十八人藏在家中，這時日軍到處搜檢，他們就藏在家裡船底下，結果被日軍尋到，一齊從內拉出，個個刺死，血從家裡通外面的雨溝流出，一直流到河裡去。

五月十一日，普利門外順祥緞店，日軍叩門未開，遂鑽洞而進，伙計們一見大駭，跑入最內房北屋裡，日軍追上挨個刺死，共有十二人。其外還有一伙

計見日人動手的時候，遂扒到鄰家，日人後追，鄰家有一婦人及一吃奶的小孩，牠們扒過牆去，連小孩及其母親一同刺死。

五月十一日早，霍家巷因街上有寨門未開，日軍強硬裂開，至街口詢問該處之茶爐內七十餘歲的火伕，為什麼不與牠們開門？當時這個火伕駭的戰戰兢兢，日人劈頭就是一刺刀，接連下，就將火伕刺殺了。同時同街有四個受重傷的武裝同志，一齊被刺死。

五月十一日，西關江家池陸軍醫院內有革命軍的傷兵約百名，日人進內，按屋按數刺死，醫生、護士皆被刺死，每人至少挨殺十刀，共刺死八十二名人（見像片）。

五月十日，角樓、趙家莊日軍謂該處藏有便衣隊，遂大舉搜查，按戶檢驗，見青年或農民穿草鞋者，非刺死即槍斃（遇難者李明海、順記木廠主人兄弟二人、崔姓兄弟二人、十三、四歲的小孩王小子）。最可慘者，內中有二十二人被日軍活埋（參看死亡調查表）。到記者調查的時候，被埋而死的農民屍體才發現，一個個舌伸尺餘，眼瞪如鈴，令人見之怕極，思之傷心，未嘗不潸然淚下也。諸如此類，慘狀實難盡述。唉！同胞們！我現在也不願意再述了，其他如這樣的事實，像這樣的篇幅，擴大上千倍也寫不完，大家可以看看另外的死傷的調查表遇害的情狀一欄，就可以知道你們親愛的、可憐的濟南同胞所受的苦了，起來罷！同胞！與牠拚個牠死我活！

D・搶劫姦淫

日軍未入城前與已入城後，牠們作的事情，可以說是屈指難述。姑且舉出幾個例來，以作證明，其詳細的情形，可以看看調查表中，自會明瞭。大概分析起來說，牠們的搶掠可以分為二種：即明搶、暗摸。

最顯著的，如齊魯大學生五月十二日被搜檢的時候，全身的金錢與房中之貴重、細緻的東西，檢其所愛的公開的拿去；外人辦的學校亦復如此，大家可以推想而知其他了。尤其是由城門出入，身上若帶有鈔票、銀錢，牠老實不客氣的放在自己囊裡去。所謂暗摸者，是趁商店人入了睡夢中時，越牆進去拿著東西就走。在五月九日晚十一點半，有十餘日人在東關聚盛合越牆而入，商人錢財尚未收放完畢，皆都被趕跑了，牠們就摸去六十八塊現洋，兩元金庫券，公債票一元六角，中央銀行票十六元，上海交通票六元，於是牠們又挖開西牆，到了華豐石印局，摸去了六百山東省票，中交兩行的票子三十四元，銅子拾千。繼續向西挖，連挖了十數家，有錢拿著就走。諸如此類的事情，在無論那條街上，尤其是商埠，差不多時時發現。嗚呼！所謂文明國家的軍隊自稱紀律肅嚴，秋毫無犯的軍隊（見牠們的佈告），竟這麼卑鄙！

我們還一件最痛心的事情，我們本不願意公開發表，但是為證明倭奴污辱我們的女同胞與表現其獸性起見，也略舉幾例，以作憑證：

一、在五月十二日十時，財神巷住戶張綿堂，有日兵持槍強入內室，逼姦某氏（避其姓名）勢正危急，幸

有來客數人叩門甚厲，事遂免。

二、商埠緯三路李姓家（李某曾為縣知事），十二日午間日兵四名迫李某外出，強其四女（係四位女學生）為牠們作飯、陪酒、奸宿二夜。後經伊等父親每日兵與其二百元，才送出這群獸去。

三、東流水東關麥地，皆有女子被日人強姦事。

四、東關東倉有布商童姓者，有美婦，被三日兵看中，遂於五月十六日往童家，強行姦淫，後經該處有一通日語者，將其勸走。

五、南滿日商麵粉工廠放賑，濟南貧民往者甚眾，但老婦與男子皆被令後進，先令少婦入領。牠們聲明這是因為幼女青年，不堪勞苦，故令先入，但進後遂將門閉塞全行強姦，後遂不敢再去。

六、在西關玉皇宮八號某茶館內，有女才十三歲，五月二十八日夜○點，被日兵撞開大門，入室強姦。

七、西關石巷子一號靳姓女年十五歲，五月二十八日夜三點，被日兵撞門入室強姦。

八、西關迎仙橋內米家廠米姓女，五月二十八日夜三點，被日兵三名撞門入室輪姦。

九、商埠緯一路鳳翔里王姓女，十七歲，五月三十一日夜七點，被日兵三名持槍入室輪姦而去，該女士羞忿填胸，業已服毒身死。

唉！我們實在不願再說了，舉幾個倒不過證明，確有事與倭奴污辱我們所到的程度就是了。同胞們！這樣氣我們怎樣能愛！這種恥何時始能雪去。

（七）俘虜始末記

A・俘虜人數問題

日軍所羈押的被俘的革命軍，原有一千七百餘名，到了五月二十日只剩了一千○八十一名。這個數目是由日方對臨時治安維持會報告的。至於那七百多名，據居民報告，是被日軍加上土匪之名，就分次槍決了，屍體都用汽車載去。二十一日在中日聯席會議席上，決定由商會派定葉功甫、伍嘯庵、苗星垣、傅雨亭四人，於次日（二十二日）下午一點赴日軍第六師團司令部接洽，負責辦理遣送這些俘虜。當時日方在會議席上報告尚有一千○八十一名。及二十二日四人去接洽的時候，先從名冊下手，就只有一千○七十一名了。問其所差十人的下落，日方就說已釋放回家。但詢問附近居民，確於二十二日早晨，日軍曾在緯九路槍決十個，亦不知甚麼罪。這十名缺額，一定就是被槍決的這十人了。他們的名字是丁維安、孟有為、王渙、張京喜、尹錫生、王文幹、李清義、許新城、師正道、張保生。這一次去辦理遣送俘虜的人，不過見了名冊就算了，一個都沒得遣散。二十三日日方又在聯席會議席上說，俘虜有二十名患病。當由商會所派四人領著紅卍字會及紅十字會前往抬出醫治。至二十四日前往，病人只有十五名，其餘五名中有四名，日方聲稱：前晚死於黃病者二，死於時疫者二，其一日方未曾宣布其下落，辦事者也沒深追，但該屍體都沒曾見著。那十五名由紅卍會抬去七名，由紅十字會抬去八名，其姓名、籍貫、年齡、所屬軍團，分別列表如下：

在紅卍會調養者

姓名	籍貫	年齡	所屬軍團	職務
柏文江	安徽	二十八歲	四十軍三師七團	兵
李慶齋	湖南	二十七歲	同上	兵
榮福秋	湖南	二十八歲	同上	兵
彭貴林	湖南	三十歲	同上	兵
劉貴生	湖北	三十歲	同上	兵
李雲青	浙江	十七歲	同上	兵

在紅十會調養者

姓名	籍貫	年齡	所屬軍團	職務
孟玉山	濟南	十七歲	四十軍三師七團	兵
李桂榮	上海	二十九歲	同上	兵
范長還	安徽	二十五歲	同上	兵
胡光蓉	徐州	十八歲	同上	兵
陳德光	湖南	二十九歲	同上	兵
廖商武	湖南	二十七歲	同上	兵
王伯泉	山東	十七歲	同上	兵
姜學成	江蘇	二十八歲	同上	兵

就上數歸結起來，所餘俘虜尚有一千〇五十一人。

B‧ 一字一淚被俘革軍之談話

　　商會代表等二十四日前往四大馬路南緯九路、緯十路之間清善洋行空場內搬運病兵，至則日軍將該病兵等自行出來，令該代表等入場內。該病兵等困頓不堪，已有不能言語者二名，本團特派人親往該醫院看視該傷兵等，至則見十九遍體鱗傷，滿面垂淚，叩以被擄經過情形，該兵等垂涕而道，幾不成聲。據稱：被擄一千七百餘人，內有賀耀祖四十軍第三師第七團全體，團長王某及三營長均逃脫，餘均被擄，計有連長二人，連附八

人，其餘均係兵士，並雜方振武部及商民。初被擄時，暫置二馬路郵務管理局內，露天而居，夜間亦不得合眼，小便不甚自由。斯時每日只得食稀飯兩碗，苦不堪言。夜間見傷重斃命者用汽車載出，伙伴呼號之聲，慘不忍聞。自十一日晚還於四大馬路清喜空場後，稍為優待。又隔數日乎，已解綁，惟日食僅得半飽。有錢者求挑水之華人出外代為購置，每洋一元僅買價值銅元伍枚之饅首二枚，開水每碗價洋壹角，仁丹一小包價洋五角（原價四分）。該項華人亦可謂喪心病狂矣。該兵口角之間，深怨長官命令不許還擊，否則戰勝確有把握；且急問革軍已佔領北京否？餘勇可賈，深堪欽佩。所餘一千〇五十一人，籍隸湖南者約六百人，廣東者十五人，山東者五十人，其餘二百八十六人，則係安徽、河南、浙江等省者。連日中國方面與日本方面再三接洽之結果，已有具體辦法，大致南方籍者運回上海解散，北方籍者運往天津解散或青島解散，山東籍者在濟南就近解散。斯事由四代表與紅十會辦理，結果如何，尚難預卜（俘虜問題，現已解決）。

（八）濟南商埠商會劉向忱等之禍

濟南商埠商會劉向忱等，當日軍於九日開始猛攻濟南城時，即秘密招集田友望、宮毅（熟悉日語）在商會會議。一面由劉向忱要求我軍濟南衛戍副司令退出濟南，併許以三千元開拔費，一面由宮毅向日本方面報告商會要求我軍退出，並聲明服從日軍司令命令，臨時維持治安及幫同日軍搜殺黨軍，深得日方諒解。所以我軍

退出濟南時，田友望首先到日司令部表示歡迎。當即奉
日司令允許，招集民眾及其所帶之憲兵、警察，官兵給
養，均由商埠商會負責籌款，商會並籌款七八萬元，為
日勞軍。現在濟南總商會及商埠商會，就成濟南的臨時
政府，而且為日本的御用機關。現在所有遺棄的軍械
等物，均由商會轉送日本領事。他們貼了一個很大的
佈告（因手下未有原文，未及備錄），第一句即「本
會承日領面囑」云云。嗚呼！（完）

附日兵暴行種種

1、　五月五日，商埠立民醫院馮看護在榻上聞鄰院有直
　　　魯軍入籍兵幫辦司令部內（日人駐內）慘號之聲，
　　　見一日軍在樹上倒懸一革命軍，用皮鞭打後，次用
　　　火針穿手心腳心，再用刀一塊一塊的將肉割下。

2、　五月七日上午八點，商埠六大馬路小緯路東口路南
　　　李子清家，有難民百餘人在內避難，於十一時經日
　　　軍一小排衝開大門入院，用刺刀刺殺十三人，將屍
　　　體運去。

3、　五月十日早八時，北石崗路旁一婦人孫張氏被日人
　　　一槍打死，將眼挖去，乳房開裂，屍體擲在北崗
　　　義地。同時在東蒼街前路旁開設茶館者某，正在拉
　　　火，日人開槍即打死，屍體在東養崗子。

4、　五月十日，小北門外趙家莊角樓西有一婦人在草
　　　棚中給二小孩吃乳，小孩哭，日兵聞之，遂進
　　　內先將小孩用刺刀刺死，次用刺刀割去其母之乳

房,後再通陰戶刺死。

5、 五月十日,小北門外趙家莊角樓一帶居民被日人一概擄住,作為便衣隊,刺死或槍斃,內有藏於地窖中,亦拉出刺死。同時有二十二人(姓名見後調查表中)被日人活埋。當記者調查時,該被活埋屍體瞪眼如鈴,伸舌尺餘,其慘已極。

6、 五月十一日,普利門外順祥緞店,日兵叩門未開,遂鑽洞而進,夥計皆大駭,跑入最內房北屋裡,日軍進內,挨個刺死,共有十二人。內有一人見日人殘殺,遂扒過鄰院,一日人追及,鄰家有一婦人給小孩吃奶,一同被刺死。

7、 五月十一日,當開門之時東南圩外,逃難者千餘,連續不斷,日人從門內設大砲,向人叢中轟擊一砲,斃百餘人,慘極。

8、 五月十一日,東流水仙靈池有住戶十八人同藏於覆置之船下,被日人搜著,立刻刺死,其血均流入河內。

9、 五月十一日,北園菜市趙希鴻從小北門內出外歸家,日人開槍即打,未中,彼遂跪下叩頭,日人連續向頭部放槍,隨死。

10、五月十一日早五時,在菜市北門裡有警察三人即張思厚、馬振東、嚴子明,日人迫入圩內,將每人用鐵絲捆住,捆前將捆處用刀劈開,緊捆於內,開始滿身刺擊,全身有百餘刀痕,頭部缺少半塊。同時圩外東北鄉派出所警察蔣鳳祥,因取水向外探頭,日人見之,遂將其召入圩內,用其同樣方法刺死。

11、五月十三日，七大馬路從街中行十八人，操南方口
音，穿皮鞋、長髮，內中有二人係美豐洋行工人，
其餘盡平民，遂押至濟南醫院，用刺刀遍刺全身，
將長髮者連同肉皮一同割下刺死。有將頭轉三、四
圈者然後割下，將皮帶置於屍體上，以作便衣隊之
證據。後經美豐洋行自行將屍體領去。

12、五月二十三日下午四點，有日兵三名及日奴華
人一名，持槍至七大馬路緯七路間難民居住之
草棚內，搜查有無槍枝及贓物。挨棚搜查，毫無
他物，遇一少女，年約十三、四歲，日兵遂欲強
姦，少女一再拒卻，日兵大怒，即用刺刀刺死。
其女父母乞食歸來，適遇日兵殺女，意欲與之理
論，亦被日兵刺死。

13、倭奴收買人心之詭計：日方購米十五石（聲言一萬
二千斤），分散於在濟的中國難民。其手續為先
一日散發領米單，至期憑單到施放地點領米。因
中日間言語不通，請由紅卍字會派員指導並助理
一切。屆時日本司令官及居留民團即至濟南醫院
後身空地內散放，中國方面到者除紅卍會員二十
餘人外，地方治安警察總局會辦宮毅亦親蒞場監
視，並有警察多名維持秩序，難民到者不下一萬
六、七千人，均面帶菜色，洵屬可憐。而日本人
先令難民拍照（有意思）後再發米。像片已有，
每人發米一杯（容量如茶杯）。米罄後，持單者
仍有若干人未得米，悻悻然向他處討飯去矣。其
用意之所在：（一）拍照片作撫卹華人之憑證；

（二）調查難民，逐之出境。

日人驅逐難民出境：警察局循日方請求，驅逐難民一律離濟回籍。自十九日起，限三日內完畢，警察總局通令各區署照辦。

14、日軍助張賊反攻之鐵證：自直魯軍退泰安時，張宗昌即同潘復、王占元及三、四方面代表劉廉泉等致電張作霖，秘密邀請日軍援助。出兵費十萬元，由青島撥付，京津山海關等處，不在此例。張宗昌由濟退卻時，由財政廳撥給田友望五十萬元，洋麵四千袋，大米三千袋。米麵存於製錦市真武廟民安、豐年各麵粉廠。長槍萬枝，手提機關二百支，存於緯九路清喜洋行內，約定日後期擾亂。田友望與姜寰等在必要時乘機糾合便衣，響應奉軍反攻，並電青島各軍，堅守待時。但田友望恐國軍到濟，不能立足，匿於商埠中國銀行北鄰日軍十二聯隊內，自五月一日起日軍由田每日每兵發給為洋一元以作廠費，官長五十、一百至二百發給，以十五日為期，內幕條件徒知張宗昌簽字許可，商埠經二三馬路劃歸日租界。茲由國軍連戰皆捷，所以籌措之計畫均不能實現。自國軍退卻時，田友望微服出約劉蘭閣組織警察總局，藉日本勢力搜查革命黨人。於五月十七日督署副官長李紫清，衣洋服，帶博士帽，由青隨日軍十四聯隊兵車來濟南醫院，與田友望等秘密會議後，自五十萬元內提出一萬，犒賞日軍。現存是否在濟，尚待調查。但所存米麵，已調查確實於十七日已被日兵運去五百包。以上情形，

係第三中將支隊部軍械處長陳愷痛言，並言程國
瑞、王棟以此生憤，已赴大連云。

15、劉向忱在會議席上談話：咱們組織維持會，原為
商民起見，決不受任何方面的挾制，已經通電，大
公無私。現在無政府時代，凡事本良心做去，絕無
遲延。即是蔣介石也是說理的，咱們決不能以片紙
問題，或謠言刺激，就移大志。何況咱們無黨派關
係，又未受任何方面的委托，原係自動的。再者，
已經通電，無論何方，咱也不去接頭，才不失維持
會的宗旨。請大家想想，總不要畏首畏尾，努力去
作才是。大帥即向不問政治的，今日出來作事，萬
不可亂他的意思的云云。（按大帥即指何宗蓮）

16、日人偷埋地雷：日人僱華工多人在各公署大小門
後及中間挖掘地窖，深六尺，各公共機關如督省
兩署、政路局、省議會、膠濟車站、津浦車站、
根域門樓上以及各馬路口皆有，這是大可注意
的。（此等報告，係根據整理電線者經日人領其
進行發現者）

（十）結論

現在我們將這篇事實寫完，感覺拉雜得很，詞句之
間不免太欠修詞；但這是時間的問題，也是無可如何的
事情。讀者當然注重事實，諒能恕詞句之不雅。而且此
次的材料，內容不甚豐富，如關於濟案國際關係以及各
地反日情形，皆未刊入，這也是時間與印刷的問題，只
好隨後補充。

　　我們要知道，此次我們受這樣的打擊，根本原因是我們民族解放所生的反響，同時，我們民眾運動未臻完善時期，故帝國主義輕視之心，復作澈底的維持其在華已得的私利而作初步下馬威。但其終結目的，乃為其生死關頭的滿蒙問題。同時也要曉得，這也是我們生死關鍵。觀日人在濟行動，出入如入無人之境，我們退讓，日人步步逼緊，毫無顧忌；公開的劫殺姦淫，直到現在，毫不停止，最近姦淫婦女，每日竟至百人之多，挨家搜索，遂便槍斃。所謂侮辱，已不成問題。乃趨於實際雙方生死鬥爭時期，我們退讓是我們的策略，牠們的急逼是看中了我們的弱點，因此濟南慘案，為中國民族活動之總中樞，倘能辦好，即能蓬勃的起來，若要失敗，將來民族的活動，不免要受打擊。甚希望全國同胞對濟案要切實注意，恢復民眾運動，澈底經濟斷交，必須團結自救！

　　這本冊子內容，當然錯誤甚多，希望讀者時時指教就正，而與我們以同情努力，迅速恢復我們的濟南，為死難同胞，為民族雪此奇辱大仇！同胞們起來罷！

　　現在關於紀實，我們暫終結於此，後當繼續調查發表。

（錄自《濟南慘案》一書，濟南慘案外交後援會印行，民國十七年六月）

濟南慈善團體辦理善後有關軍民死傷人數報告

（一）世界紅卍字會濟南分會報告

民國十七年五月十六日

濟垣不幸，禍出非常，人民不死於砲火，即死於饑餓，本會職責所在，急起救濟，雖事前粗有籌備，而禍變慘烈多出意外，本會職員四出援救，其中格於情勢，較昔時救濟尤為困難，爰將五月一日起至十五日止辦理各項救濟狀況條列於後。

一　救護商埠居民事項

五月三日，商埠居民因日軍在埠分段警備，出入既感不便，食物尤難購取；其願避居他處者，本會派員分赴警備地內，導引出埠，分住於城關各收容所，並與日領事商洽，設法接濟埠內居民食料飲料。

一　救護城內居民事項

五月九、十兩日，城內居民怵於砲火，驚恐萬分，本會辦事處在南關上新街，城關間斷，無從援手，因與日領事一再磋商，讓出南門、新東門兩路；並函請國民軍司令部，以人道為重，開放東南、西門兩門，以便本會派員救護難民出險。國軍適於十日夜全數由東門出城，戰事停止，本會隨即派員入城辦理一切救濟事宜。

一　醫療受傷兵民事項

（甲）五月二日，辛莊營房地雷爆發，傷亡甚眾，除

經該軍自行分別醫治掩埋外，由本會抬回傷兵
五名療治，並掩埋二十餘人。

（乙）五月四、五兩日，飛機於城內拋擲炸彈，一落
於大布政司街，一落於壽佛樓後，一落於后宰
門關帝廟街，一落於督辦公署旁；傷亡人民除
由各該家屬分別醫治掩埋外，其無主者由本會
於各該處抬回，傷民七名送醫院療治。

（丙）本會醫院除前收傷兵二百餘名外，自五月
一日至十三日止，共新收城內商埠受傷兵
五百三十三名。

（丁）聯軍兵站醫院遺留傷兵一千三百餘名，無人過
問，該傷兵等來會請求接濟。本會醫士逐一診
視，其已醫治痊可或輕傷者計六百餘名，概由
本會每名給與川資銅元四十文，俾即回籍；其
重傷者七百餘人，移入本會醫院療治。

（戊）張莊原有直魯軍後方醫院，遺留傷兵二百八十
餘名，無人過問，該傷兵等來會請求接濟。現
已設法給予食料，並與紅十字會籌畫遷移，代
為療治。

一　掩埋喪亡兵民事項

（甲）本會自五月一日起至十三日止，掩埋兵民
五百一十名。按上掩埋人數，係僅就本會所掩
埋者。其由人民或其他慈善團掩埋數目，無從
查詢。

（乙）此次亂事，死亡甚眾，本會不惜經費，僱用伕役

一百二十名，從事掩埋，掘坑務求其深，並蓋以
石灰，以杜後患。其由居民或街長首事僱伕掩埋
查有淺露者，本會派員巡視，無論何處經辦，
一律添土修築，俾免發生疫癘；並由會發出通
啟，請求各慈善家幫同檢查，以免遺漏。

一　賑濟事項

　　濟南經此次事變，商民歇業，一般貧民，餓不得
食，搶掠時聞。前由奉、黑、吉、熱四省慈善家運到紅
糧七千餘包，適因戰事發生，未及運往災區散放；權其
輕重，只得移緩濟急，將此項紅糧分區派員查放，仍按
定章，大口十斤，小口五斤，分別查明散票，並於城關
及商埠儲糧地點施放，俾各就近領糧，以圖簡便。
以上總計：
　　1、以上總計共收容受傷兵民一千二百餘名；
　　2、以上總共療治受傷兵民約九百名；
　　3、以上總共掩埋死難兵民五百餘名。

（二）紅十字會報告
（1）收容受傷兵民事項
五月一日至八日，共收容受傷兵士計一百九十六名，療
治結果，出院者八十四名，因傷重斃命者三十七名，移
外診治者五十四名。
五月九日至十八日，收容受傷兵民計共二百三十八
名（內有由後方醫院移來八名），治療結果，傷痊
出院者九十二名，傷重斃命者四十名，移外診治者

一百二十七名。

五月十八日，又收容後方醫院之傷兵二百七十八名。

（2）掩埋死難兵民事項

五月十四日，在津浦車站掩埋九十四名。

十六日，在安徽義地掩埋一百三十六名。

十八日，在大槐樹、辛莊、小界子掩埋一百零二名。

五月十一日至二十日，又將本街及桿石橋左右屍首移至齊魯大學義地掩埋五十七名。

上列兩項之總計：

1、以上總共收容受傷兵民四百三十四名，其治療結果，醫癒者一百七十五名，傷重斃命者七十七名，移治者一百八十二名。

2、以上總共掩埋死難兵民五百七十三名。

3、此外尚留容有後方醫院之傷兵二百七十四名。

（附註）按以上兩報告，次序不甚清楚，且無系統，直為流水帳式的寫出而已；但此兩報告確極關重要，因內容事實係該二團體慘案後切實負責所作者。不過當調查時，該團體無詳細的計劃，故所埋之屍體與收容之人不但無姓名可考，即遇害地點、時間，亦無報告，但只證明負責掩埋數目與收容數目而已。內中尤有注意者，該團體收容人數有與慘案有不甚發生關係者，故今代其再分析一次，以便明瞭：

（1）紅卍字會負責掩埋者五百一十人；紅卍字會負責收容者五百三十三人。

　　（參觀前（丙）條與後（甲）條，其他不在此例）。

（2）紅十字會負責掩埋者五百七十三人。

（3）紅十字會負責收容者七百零八人。

　　（參觀後列總計1、2、3項）

（錄自《濟南慘案》一書，濟南慘案外交後援會印行，民國十七年六月）

四　日軍慘殺交涉員蔡公時等

第一軍團總指揮劉峙報告日軍繼續殺害軍民情況電

民國十七年五月十二日發

國急。南京中央黨部、國民政府、軍事委員會、何總參謀長、兗州蔣總司令、朱前敵總指揮、開封馮總司令、太原閻總司令、漢口李總司令、白總指揮、廣東李總指揮鈞鑒：各省省黨部、各省省政府、各報館、上海錢司令、字林西報館、泰晤士報、各華字報館鈞鑒：五三濟南事件，曲直昭然，中外自有公論，無待煩言而解。自是日兵暴行益著，七日竟向我總司令提苛酷條件，限十二小時答覆。峙率領三軍，集合濟南附近，忍辱含垢，顧全邦交，即於八日晨遵奉總司令電令，避免衝突，飭所部向中宮鎮一帶退讓，僅留一團兵力協第四軍團之一部，維持城內人民之安寧秩序，並嚴令勿得出城一步，還擊一槍。所以委曲求全者，可謂至矣。茲接城內送出官兵報告：自八日起，日兵連續向城內放砲，夜間則以探照燈認明目標，炮火尤烈，每一炮落，焚屋毀器，洞胸裂腦，城中死傷枕籍，美國傳教老婦亦遭慘

斃，哀聲盈耳。日兵既掩西關南關，又於入城之日，姦
淫搶劫，無所不至；尤將我病院收容之輕重傷兵七百餘
人，羅列刑場，用手提機關槍掃射，雖屠羊豕未有若是
之慘。夫日本此次出兵濟南，霸佔津浦、膠濟兩鐵路，
慘殺我外交官，事之違反國際公法與外交慣例，固中外
所共聞共見矣。然日本自號為文明國，而其行為乃野獸
之不如，匪僅我中國之世仇，抑亦全球人類之公敵。峙
屯兵魯南，無淚可揮，惟有將「五三」以後我軍民被害
之事實，略布一二，俾中外人士咸知二十世紀之亞細
亞，尚有原人時代之大和民族在也。國民革命軍第一集
團軍第一軍團總指揮劉峙叩，文印。

（錄自國民政府公報第五十九期，民國十七年五月）

交通部咨外交部

民國十七年五月十五日

為咨請事，據天津電報局全體電務員生電稱，頃接青島
局同人電告，濟南日軍肆行強暴，局內同人被拘在地窖
內，已絕食三、四日，如有外出者，即以槍擊殺，此訊
係得諸外國新聞記者及由濟局逃出之某君，極為確實。
現青局同人已購備食物，託該記者帶濟各處同人請一致
援助等語。又接第二電開，濟局臨戰區，日人不准國人
外出，致該局同人無粒食者數日，係居地窖，苦不堪
言。此項消息，得諸外新聞記者及脫難煙濟巡線員。敝
局同人除奮興購辦大批食品哀懇外人帶去外，國際列車
國人不准座，刻無良法，務祈同人有以指教，俾濟局同

人得脫此險地是感，青局同人叩等語。員生等誼屬同
舟，事關切身，聞此驚耗，殊深痛憤，當即共同討論，
推舉代表往謁日本駐津加藤領事，告以濟局電報人員被
虐情形，並請其軍對於電局人員，勿予苛待，恢復其飲
食行動上之自由，或護各員避往青島。該日領代表當允
一面電告東京當局，轉令在濟日軍妥為保護，一面並逕
電濟南日領，相機辦理。除電復青局同人，請其就近探
詢情形、共謀援助外，特電大部務懇速與日本使署交
涉，迫電濟南日軍，對於電局人員，勿事虐待，不勝盼
切待命之至。再此電將發時，又接青島局電告謂濟南局
電務員生，已被日軍趕逐出局，各人行踪不明等語，此
事愈形嚴重，萬懇大部設法應付，藉全濟局員生性命等
語，查電務員生，隸於本部所服務之濟南電報局，係由
本部直轄，該員生等辦理通信事務，與軍事毫不相涉，
迺日軍橫加拘禁，絕其飲食，且聞已死傷多人，似此無
理行為，不獨顯違國際公法，實為正誼人道所不容，除
賠償損害問題應俟查明交涉請予聲明保留外，相應咨請
貴部，迅向日本駐京公使提出嚴重抗議，即日制止此類
行為，並保證嗣後不得再有類此行動發生。並盼見復，
實紉公誼。此咨外交部。

交通次長代理部務　常蔭槐

國民政府為哀悼被日軍慘殺之蔡公時等令

民國十七年五月九日

中華民國國民政府第二○六號令。軍事委員會、各部

院、建設委員會、江蘇省政府、南京特別市市政府、
國民革命軍總司令部。為令遵事：案奉中國國民黨中
央執行委員會令開，為訓令事：本會本日緊急會議議
決：關於五月三日日本軍隊在濟南慘殺我交涉員蔡公
時及士兵民眾一事，本會不勝慘痛；茲特議決全國一
切集會，在文到一星期內，每次開會，特為慘被日本
軍隊殺戮之蔡公時同志及士兵民眾靜默三分鐘，以誌
哀悼。仰即轉知所屬各機關一體遵照為要。此令。等
因奉此；除分令外，合行亞令仰遵照，並轉令所屬一
體遵照。此令。中華民國國民政府印。

（錄自國民政府公報第五十六期，民國十七年五月）

國民政府褒揚蔡公時令

民國十七年五月十二日

中華民國國民政府令：外交部山東特派交涉員蔡公時，
宣力黨國，歷著勤勞。此次在濟南被日軍戕害手足，寄
於鋒刃，忠義形於顏色；猝聞凶問，痛悼殊深。所有飾
終典禮，著內政、外交部從優擬議，呈候核奪，以彰忠
烈。此令。中華民國國民政府印。

（錄自國民政府公報第五十七期，民國十七年五月）

第二節　日本之外交策應

一　日本政府關於出兵山東之聲明

日本政府關於出兵山東之聲明書（譯文）

帝國政府對於中國之戰亂，未有援助一黨一派之事，固
無論矣；但在多數邦人居住地方，如有治安紊亂禍及邦
人之虞時，而採適宜自衛之措置，乃屬萬不得已之事，
此層於曩昔山東撤兵之際，已有所聲明。今也山東戰況
急轉，動亂愈將波及於邦人居住地方，迫不得已，仍依
前記聲明書之趣旨，由內地經由青島派遣約五千部隊於
膠濟鐵路沿線，俾任保護在留邦人之責，並為應急之準
備。在該師團未開到以前，先由中國駐屯軍中派遣三中
隊於濟南。此次雖至於不得已，而再派兵於山東方面，
但純係自衛上本不得已之措置，至對於中國及其人民，
勿論絕無何等非友交的意圖，即對於南北兩軍之軍事行
動，亦絕不干涉。然由保護同地方在留邦人之見地，若
至認為無派駐軍隊之必要時，則立將派遣軍撤退，仍與
上次派兵無異也。

日本駐華使館致外交部節略

民國十七年六月一日

日本帝國公使館接准羅外交總長致日本公使之四月
二十五日、五月四日、五月十二日及五月二十五日各公

文，迭謂帝國政府出兵山東，並其後之增兵，為中國主權所關，僑居外國人應專受中國政府保護，請為轉達日本帝國政府，迅將山東派遣軍撤退，並勿再增兵等因，業已閱悉。

僑居中國之外國人之生命財產，當然應由中國政府自任其保護之責。此次北京政府關於保護在華日本僑民，更行聲明，雖屬足多；然一觀向來中國各地發生之事實，中國方面雖屢次聲明外國人之身體財產，仍屢次被損害，近日濟南發生大不祥事件，幾多之日本人被中國正式軍隊虐殺，其財產被掠奪，因之帝國政府於本國人之保護，除期待中國官憲外，在目下之狀態自衛必要上不得不講自行保護之手段，此層業於四月二十日及四月二十三日本使館節略內詳細開陳在案，此旨華府會議時，中國代表亦曾承認，即一九二二年二月一日之第五次總會中國代表關於一月五日委員會所採擇之「關於駐華外國軍隊」之決議曾聲明，「一國為應付其在外僑民之生命財產危險切迫之緊急事態之臨機措置，派兵或駐兵於該外國係屬正當，為國際法上所承認之原則」等語。帝國政府實係如該全權所聲明，鑑於在華帝國臣民之生命財產瀕於危殆之事實，為保護而派兵，又如該代表所陳述，一俟帝國政府認為緊急事態已去，無派駐軍隊之必要時，即當從速撤退該項派遣軍。此又為四月二十日本使館節略等所聲明者也。為此帝國公使館茲重行向北京政府通知派兵之理由，並答復北京政府屢次之照會。此略。

　　　　　　　　　　　　昭和三年五月三十日

二　日本對中國之通知

日本駐華使館致外交部節略

民國十七年四月二十一日收

日本公使館茲奉本國政府訓令向北京政府通告如左：

一、去年日本政府為保護山東地方多數僑民之生命財產。派軍於青島及濟南，以為必要之自衛手段，其後戰亂之禍機既去，派兵之目的消滅，立即撤兵，均於當時通知在案。最近津浦線方面，戰況急轉動亂，行將及於山東一帶，濟南地方亦將波及，危險已至，難保不進而遮斷膠濟鐵路之狀態，山東地方日本人之生命財產，重行切迫於重大危險，故帝國政府鑑於去年撤兵時，八月三十日節略所聲明，對於保護帝國臣民，不得已採取自衛措置，茲由本國派約五千人之一部隊，經由青島派至膠濟鐵路沿線，使任僑居日本人之保護，又因鑑於事態急迫，在該部隊開到以前，先由帝國駐華軍隊派三個中隊至濟南，以為應急措置，此項軍隊業於四月二十日午前由天津啟行。

二、此次不得已而派兵山東方面，原不外帝國政府自衛之措置，對於中國及國民、帝國政府及國民向所維持之睦誼，依然不渝，已如帝國政府所屢次聲明。故帝國政府不但對於中國內政並無何等干涉之意嚮，亦非對於南北兩軍之任何一方直接或間接與以何等援助或妨害，自不待言。俟認為「無需以派駐軍隊為保護該地僑民之自衛的措置」時，當即令此項派遣軍隊迅

速撤退，自屬當然也。

三、如上所述，此次派兵係自衛上不得已之措置，故不勝切望中國政府採取必要措置，令山東地方以及中國各地官民，於帝國意思勿生何等誤解，同時期於中日兩國敦厚交誼，無有遺憾焉。

昭和三年四月二十日

日本駐華使館致外交部節略

民國十七年四月二十一日收

接准羅外交總長致日本公使館四月二十日照會內開，接駐東京汪公使電告，日本閣議有決定第二次出兵山東之舉，查上年六月日本出兵青濟一帶，及同年九月前項軍隊撤退，外交部曾向日本公使抗議，請勿再有越軌行動，此次如果又有派兵之議，務即停止，以敦兩國之睦誼等因，日本公使業已閱悉，惟日本政府此次不得已再行派兵之情事及理由，業於四月二十日日本使館致外交部節略內通知，切望察閱。

昭和三年四月二十日

日本駐華使館致外交部節略

民國十七年四月二十四日

日本公使館接到本年四月二十一日羅外交總長致日本公使公文內開，日本出兵之理由，為中國主權所關，在華日本人應專受中國政府之保護，是以此次日本派兵山東

方面，難以承認，請為轉達日本政府，取消出兵，並將
所派軍隊即時撤退等因，業已閱悉。

唯日本政府此次至於不得已而再行派兵之理由，已如本
年四月二十日節略所詳載，對於山東地方日本人生命財
產之重大危機，切迫已至，不得僅賴中國官憲保護之狀
態，故鑑於去年八月三十日節略之聲明，對於帝國臣民
之保護，再行採取自衛之措置，相應略覆查照。

　　　　　　　　　　　　　昭和三年四月二十三日

第三節　中國之立場與對策

一　國民政府及中國國民黨所持之立場

國民政府為日本出兵山東對全國宣言

此次日本出兵山東，侵犯吾中華民國之領土，蔑視吾中華民國之主權，凡吾同胞無不同深憤慨，政府亦既一再提出抗議矣。

政府今正有事於國內軍閥之剪除，及中華民國之統一，同時方準備以和平方式與各國進行平等互利之外交。不謂於此時間，日本當局突然沿用其武力政策，使中日間重生莫大之障翳；政府秉承總理遺志及民眾要求，自當竭誠盡慮，以保障主權之完整與領土之安全。

日本當局既違反中國民眾之意思，繼續其武力侵佔政策，中國民眾之憤慨，本所當然。最近種種事實之呈現，其動因無一不由於日本對華態度之突變。政府保障國家權利之心，寧後於人民；況為完成國民革命及維持東亞和平計，尤當竭力為國民先驅，負中國今日之外交全責。

政府在地位上、責任上、志願上，均為中國全體國民之代表，凡國民之所欲，無論如何困難險阻，政府必集全力以赴之。同時人民亦必以全權付諸政府，而課其最後之得失；若在同一目的之下，而有步驟不齊之舉動，則適足以增國際間之糾紛，為民族解放之障礙。

政府秉承總理全部遺屬，誓以至誠，完成使命。最

近數月，目的在掃除國內一切軍閥，亦即以殲滅帝國主
義者之爪牙，步驟有先後，形勢有緩急，今力雖專注於
一隅，心實盱衡於全局。而共產黨徒等欲橫挑外釁，破
壞革命，一試之於南京不成，再試之於上海又不成，其
逆謀未嘗稍休。吾同志同胞此次對日運動，出於愛國真
誠，本無他慮；但共產黨之潛伏謀逞者正多，若不深自
檢點，無異授彼機緣。政府對此於深計熟慮之後，敢掬
至誠，以告同胞；日本出兵山東，為其傳統的侵略政策
之一部；中國而欲制止其政策者，決非枝枝節節之事，
必遵依總理所遺留整個的對外政策，一致進行。若各不
相謀，則其結果必至政府人民間在同一目的之下，發現
互相矛盾之行為，此不特共產黨所深幸，而亦帝國主義
者所竊喜者也。

本以上之討究，政府一方面願依總理遺囑，直任對
日外交全部責任而弗辭，一方深望吾愛國民眾為政府之
後援，而切戒與政策相矛盾焉。（錄自國民政府公報寧
字第九號，民國十六年七月二十一日）

中國國民黨中央執行委員會對日本出兵山東宣言

本黨繼承總理遺志，領導國民革命，北伐師興，東
南奠定，奉魯軍閥已呈崩潰之象，三民主義將達實現之
時，乃東鄰日本藉口保護僑商，遽爾出兵膠濟，侵犯中
國領土，既違背國際公法，且顯有助長內亂、阻礙革
命成功之嫌，實屬政策錯誤。年來中日兩國國民正在漸

相諒解，日臻親善，突有此舉，大為親善之障礙，殊為遺憾。茲者我國民眾群情憤慨，抗議繁興，日政府若不迅圖補救，萬一別生意外運動（疑有脫字），自當負此重責。本黨顧念邦交，又難遏此公憤，特佈宣言，用促覺悟，所望日本政府以同洲同文之關係，敦睦兩國之親善，毅然變計，立即撤退山東日兵，以平眾憤，而弭釁端。並盼日本朝野人士，竭其至誠，力予援助，維持東亞之和平，促進中日民族之親善，本黨實所厚望也。（錄自國民政府公報寧字第玖號，民國十六年七月二十一日）

中國國民黨中央執行委員會為日本出兵山東事致全體黨員訓令

我國民革命軍此次北伐，迭獲勝利，剪滅殘餘軍閥，完成國民革命，指日可期。乃日本政府忽又藉口保護日僑，出兵膠濟，毫無理由之暴舉，實為蔑視我國主權，甘冒國際間之大不韙，吾中國國民黨全體黨員當此各地民眾反對日本出兵十分激昂之際，宜以嚴整之精神，為正當之指導。

其一，此次日本出兵，是田中內閣悖謬之措施，不特其國內民黨意持反對，且亦非日本國民之所願，望日本國民及其民黨在最短期間糾正其內閣之謬舉。

其二，日本出兵山東舉動，侵犯我國主權，違反國際正義，吾人應以正義昭告世界各國，引起贊成中國自由平等之同情，對外僑生命財產，無論在戰地與非戰

地，均保護其安全。

其三，吾人為獨立自主計，為誓死反對帝國主義者
之侵略計，誓必於最短期間完成北伐。但前線之進行與
後方之鞏固，同一重要，吾人宜嚴行保持秩序，遵守紀
律，使前線將士一意向前，無內顧憂，故吾人之言論行
動，務當遵守中央所指示之標準，不得稍有違背。凡一
切無益之舉動，如罷工、罷課，凡引起後方之顧慮者，
皆應避免。各地共產黨徒難保不乘此時機煽惑謀亂，尤
當特別注意，勿給予彼等以搗亂之機會。

凡此意義，除隨時製定方案，分令各級黨部嚴密
遵行外，合行訓令全體黨員，悉體此意，領導民眾，
切實遵行。惟再接再厲之氣力，方足以排除困難；惟
同心同德之精神，方足以完成大業。萬望我全體黨員
注意勿忽。此令。（錄自民國十七年四月廿四日上海
中央日報）

二　國民革命軍改道北伐並保護外僑

蔣總司令為改道北伐致日軍福田師團長函

福田師團長惠鑒：自本月三日之不幸事件發生，本總司
令以和平為重，嚴令所屬撤離貴軍所佔區域。現在各軍
已一律離濟，繼續北伐，僅於城內留相當部隊，藉維秩
序。本總司令亦於本日出發，用特通知貴師團長查照，
並盼嚴令貴軍立即停止二日以來之一切特殊行動，俾得
維持兩國固有之睦誼，不勝企盼之至。專布，順頌公

綏。國民革命軍總司令蔣中正，五月五日。（錄自民國
十七年五月八日上海中央日報）

國民政府為濟案正由外交嚴重交涉致各省政府應先努力完成北伐電

民國十七年五月七日發

廣州李主席、漢口李主席、長沙程總指揮、白總指揮、
各省政府、各特別市政府鑒：北伐軍進展至魯境時，日
本即有出兵膠濟之舉，曾飭外部抗議，並令各路大軍繼
續前進；乃我軍甫佔濟南，日兵即無端開釁，燬我官
署，戕害我外交官及軍官兵民甚眾，侵犯主權，蔑絕人
道，莫此為甚。中央現已飭部嚴重交涉，宣布真相，此
時第二、第三集團軍已大張撻伐，迭獲全勝，北伐成功
在邇。當此時期，益應堅定精神，嚴整步調，努力一切
工作，俟北伐早日完成，外交亦得次第解決，是在各服
務人員與全體民眾恪守中央令旨，以促成之也。國民政
府，陽印。（錄自國民政府公報第五十六期，民國十七
年五月）

國民政府為濟案正由外交解決民眾應守秩序嚴防共黨煽動電

民國十七年五月十八日發

南京軍事委員會、各部院、各省政府、上海、漢口、
廣州特別市、各市政府均鑒：軍事順利，各路大軍進

展均速，政府通籌全局，關於北伐作戰，業經詳授方
略；濟南日兵肇事一案，亦已訓令外交部妥為辦理，
以期統一早告完成，外交問題及時解決。當此重要時
期，凡我國民應以整齊嚴肅之精神，一致努力，共促
成功。近據各機關報告查獲共產黨印刷品甚多，希圖
煽動利用停課、罷工及種種擾亂行為，破壞秩序，已
飭京內外軍警嚴密查拿究辦。政府為貫澈大計、維持
治安起見，用再詳加申儆，以資遵守。所有各地民眾
及各團體學校均應遵照中央黨部及本政府所頒各令，
恪守紀律，各安職業，對於外交事件聽候中央處理；
至力防反動分子，保護各國僑民，並應由各當地軍警
負責妥辦。經此誥誡，如有違反命令、甘犯法紀者，
准即依照戒嚴條例嚴切執行，不稍寬貸。即著軍事委
員會、各部院、各省市政府切實辦理，並分別曉諭轉
飭一體遵照。此令。國民政府，齊印。（錄自國民政
府公報第五十六期，民國十七年五月）

蔣總司令飭各軍保護外僑電

本總司令此次出師北伐之時，曾掬誠奉告各友邦，
令我軍為求達到革命之目的，不能不剷除軍閥之障礙，
並負責聲明，凡我軍所過之地，對於外人生命財產，必
須與本國人民同為極嚴密之保護。深信各友邦人士，必
能諒解斯意，與以匡助。不料我軍佔領濟南後，竟與日
軍發生誤會。現在為剷除主要障礙計，為縮短革命過程
計，惟有一面繼續北伐，一面靜候外交當局嚴重交涉，

以謀正當解決。凡我同志，共諒斯旨，並望轉飭所屬，
對於各友邦領事及僑民生命財產，仍應加意保護，舉凡
有礙邦交之標語與宣傳，尤宜隨時取締，勿以一朝之
忿，而亂大謀，是為至要。蔣中正。（錄自民國十七年
五月九日上海中央日報）

三　蔣總司令正告日本各界

蔣總司令為日軍在濟南暴行建議中樞致日本
各政黨及名流電

民國十七年五月廿九日發

譚主席並轉中央執行委員會鈞鑒：密。日本內閣，自起
爭潮，最近形勢，均漸於我有利，派遣代表一節，益宜
設法延宕；並擬請用本黨名義致書日本各政黨及頭山
滿、犬養毅等各同志，宣布濟案發生以來之情形。茲擬
全文如下：「中國國民黨領導之國民革命，在求中國之
自由平等，此為一般文明國人民共有之要求。國民革命
軍為反對北方軍閥而出兵北伐，更純為中國內政問題，
絕非他國所可任意誣蔑、藉辭干涉者也。保護僑民，自
有常軌；乘機出兵，已屬叵測；不謂更有如濟案發生以
來之強暴舉動，我中日兩國之邦交，東亞和平之前途，
將為一、二軍人破壞淨盡，此非僅本黨所痛心疾首，亦
必貴黨貴同志等所戚然不安者。濟案發生之直接原因，
今尚各執一辭，當有待公正之調查。茲因福田師團長要
求先訂軍事協定，故一切調查，無從著手。而我國民革

命軍蔣總司令自北伐以來迭頒嚴令，保護外僑；事變猝
起，更竭力制止所部之抵抗及其不採取敵對行動；旋復
命令各部隊，遠離濟南；此種事實具在，不能不認為避
免衝突解決糾紛之誠意。至國民革命軍到濟南以後對各
國僑民之行動如何，當可覆按。各國記者及貴國各通訊
社五月一日、二日之電報，豈以異口同聲推許為紀律嚴
明之軍隊；僅一日之隔，盡變面目。然則此不幸之事
件，無論因何發生，必有和平解決之方法。乃福田師團
長既縱使所部盡情殘殺，捕戮山東交涉員，轟炸無線電
台；復於七日下午提出極蠻橫苛刻之五條件，限於即晚
十二時以前答覆，其書面又僅寫七日午時，並不註明正
午或午前午後幾時；直至當日午後四時方提交趙交涉
員，遽於是日夜半即向濟南及其附近之處開始砲擊；雖
彼自辯為軍事開始行動之時，未違背其原定十二小時之
期限，然衡以國際間最後通牒之慣例，豈得如此？而當
時情勢，絕無提出最後通牒之必要，更不待言。蔣總司
令兩次派代表前往磋商調停辦法，均被其拒絕談判，且
禁止發言。其口頭表示履行條件之辦法，更為嚴酷，如
指肇事之原因，應以其片面之調查為根據，我方不得有
何異議；其所指應負責任之軍隊，為革命軍之第二軍團
陳調元部、第三軍團賀耀組部、第四軍團方振武部，均
須於日本軍面前解除武裝。此而猶謂不欲消滅我軍，阻
礙北伐，其誰能信？蔣總司令至此，知與福田已無談判
解決之希望。且我軍既已不惜忍受北伐軍事上之障礙，
實行退出濟南及膠濟路沿線二十里以外，事實上尤無再
在前方訂結協定之必要，故呈請政府將此案完全移歸外

交解決。我外交部提議以後，貴政府亦已表示同意。乃福田猶進逼不已，其步哨斥堠既常越出濟南三十里至五十里以外，飛機且時至泰安拋擲炸彈，傷害人民，至今未止；而一面仍要求蔣總司令派遣全權代表前往濟南，簽訂所謂臨時協定；同時並謂若不簽訂軍事協定，則濟南事件將有益加擴大之虞。夫濟案事實已成為外交問題，自有交涉之正軌可循，何為必以強制承諾之協定相迫？且所謂益加擴大者，果將以何種形式擴大之乎？更將擴大至何種程度乎？苟以無道行之，何求不得？我革命軍既已百端忍讓，固始終不出敵對之行動；惟世界公理尚未盡泯，中國人民猶未盡絕，福田師團長之行動，是否為中日兩國睦誼之障礙，貴國國民與各政黨當必有公正之態度，以保持我中日兩國之親善也。近日貴國政府及海陸軍方面，復有種種之覺書與照會：陸地則不許我軍在天津、北京及東三省敵軍主力所在地點作戰；海上則不許我軍在青島、煙臺、龍口、大沽口、秦皇島、營口各處二十海里以內作戰；其為侵害我國主權，干涉我國內政，既顯然易見；而猶日言對南北兩軍不偏不倚，祇求保護其僑民。試問此等舉動，是否已溢出護僑意義之外？奉軍所屬之渤海艦隊可至廈門等地開砲轟擊；而自山東以至奉天海岸，概不許作戰，即此一端，明明祇許奉軍南侵，不許我軍北伐，謂非袒護奉天軍閥，有意延長中國內亂，更將何說？本黨領導之國民革命，既以求中國之自由平等為目的，有阻礙此目的者，必以全力反對之；而於我中日兩國之邦交，東亞和平之前途，

追念我孫總理希望貴國國民為王道之干城，與夫中日兩國作真正之同存共榮者，輒惓惓不能自己。謹布腹心，唯貴黨貴同志等諒察之。」以上詞意。是否妥洽？敬待公同修正。中意黨與政府立場不同，日本之兩重外交，利在鬼祟秘密，我必須有以破之。今以黨之名義向其國民說話，似無流弊；且彼既起內爭，顯非舉國一致，此書必可引起若干影響。如尚認為未妥，則以中央委員個人名義連署發表亦可。統希公決，惟必以從速發表為宜。蔣中正叩，艷申印。

第四節　關於濟南事件之報告

一　蔣總司令向中央報告濟南事件發生情形電兩通

民國十七年五月四日發

（一）江晨日本派遣來魯之軍隊無端挑釁，向我軍射擊，槍炮之聲，至今未止，民眾與官兵之被慘殺擊斃者以千數計。昨晚並炸毀我無線電台，心懷巨測，橫暴壓迫，非所言喻。人民不堪忍受，膠濟路線之殘敵，因此不能肅清，渡河計畫亦不可不慎重，惟有力守濟南黃河南岸。膺白部長現正與折衝，仍難有效。弟本革命精神，對此侵略，決不屈服，擬即將其橫暴宣布中外，以促國人覺悟，而博世界同情，再圖對付。蔣中正叩，支卯印。

（二）支晨電計達。日軍衝突，漸趨和緩，但結果如何，尚未可知。英美領事出面調停，正在接洽中。抗議書已由膺白以電拍出，後方民眾仍以持鎮靜態度為宜。餘續詳。蔣中叩，支酉印。（上海中央日報）

二　戰地政務委員羅家倫報告在濟南事變中之經歷

日本要滅亡中國，就絕對不能讓中國統一，它才可以分別的宰割。國民革命軍北伐出師以來，連戰皆捷，聲勢浩大。當民國十六年克復南京以後，日本就已經計

劃在黃河流域打擊我軍，六月間我軍抵達山東臨城滕縣一帶，日本在七月間就從大連增兵三千多人赴青島。七月十八日日軍砲隊帶了十幾門大砲由膠濟路開到濟南，當時若是我軍繼續北伐，恐怕濟南事變早在那年已經發生了。不幸因為寧漢分裂的結果，總司令蔣先生在八月十二日翻然下野，北伐之師因而停頓，所以日軍因目標喪失，在九月三日日方駐上海總領事矢田致函我方交涉員通告撤兵。到十七年初，蔣總司令復職，仍然繼續北伐，經過大規模的部署以後，這一場志在統一全國的大戰，於四月四日在津浦線上開始。我軍於十日克復臺兒莊，十一日克鄆城，十二日下棗莊，十三日下臨城，十九日下鄒縣，二十日下曲阜兗州，張宗昌的部隊和支援他的奉軍望風西潰，於是日本海軍竟於二十日在青島登陸，而在青島的陸軍亦就開進濟南，這是日本第二次阻止北伐在山東境內的出兵。這種行動，真所謂司馬昭之心路人皆見，濟南的浩劫，是無法避免的了。二十一日我外交部雖提出抗議，但是有什麼效果呢？

　　四月二十二日，北伐軍克復泰安、肥城，二十九日第一集團軍的一部份已打到膠濟路的明水鎮，第二集團軍孫良誠部又抵濟南近郊。蔣總司令進入濟南城，繼續指揮北伐，是五月二日的事。我是在四月間和大軍一同由南京出發的，擔任戰地政務委員的職務，並兼管教育處。政委會的職權，是一個中央政府在前線配合軍事行動的縮影，每一個處代表中央一個部，在戰地行使職權，也就是說每逢克復一個地方，這地方上的政務就由該委員會的各處分別管理。我能代表大學院處理戰地教

育事務，實感幸運。我於二十日到達兗州，對於該地教育工作，略事部署；然後沿北進途中，在泰安稍事逗留；直到五月二日晚間才進濟南城。三日一早，我到山東教育廳去視察，對於該省教育工作人員，尤其是教員，特別加以安慰。不料我講話快完的時候，忽然聽見連珠的步槍和機關槍聲。據當地的報告，說日軍和國民革命軍已經在濟南城外新市區打起來了。於是我急忙地回到總司令部（該部臨時設在督軍公署裡面），見到蔣先生，簡單的商談應付方略。我們都認定：這件事是意料之中的；但是為了完成北伐大計起見，還當盡力設法制止軍事衝突的擴大。在總令部裡，各方的情報來得很多。我方搜到日軍指揮官發給軍隊的命令，中有「命令一下，蹶然而起」等字樣，可見此次的衝突，決非偶然而是奉命的。當時有一日本武官佐佐木逃避到總司令部，我們立刻予以保護。我方並以白布大書「禁止衝突，各軍立回原地」字樣，沿途巡行並禁止開槍，但是到下午槍聲還是激烈。大約是二點鐘時，英國曼傑斯特導報的名記者丁白萊（Timperley）亦避入總司令部，要求我為他發一個電報出去。當時普通電臺因秩序紊亂，工作已受障礙。我想盡辦法，由總部惟一的一座短波電臺將該電發出，這是濟南以外所收到關於濟南事變第一個電報，而這個電報是一個中立觀察者打出來的，所報導的全是他目擊的事實，態度亦很公平。五三這天，外交部長黃郛恰巧在交涉員公署裡，被日軍劫持到日方軍部裡去。黃部長要想同日方負責人談話，曉以利害，不料不但這個目的不能達到，而且日方反脅迫他在

一個報告上簽字，這報告是說中國軍隊在某處打死一個
日本軍曹，其用意是要把戎首的責任加諸中國。黃堅決
不肯簽字，但因被糾纏不止，祇在上面批了一個「閱」
字，日軍才把他送回到我軍區域以內。最不幸的是戰地
政務委員兼外交處主任蔡公時先生壯烈的犧牲了。蔡先
生同黃郛一樣，曾在日本留學，兩個人都能說流利的日
語，和日本人常有往來，所以我軍第二次北伐出師以前
任黃為外交部長，蔡為外交處主任，原意就是為便於處
理對日交涉。不料蔡烈士竟因此而犧牲。這是三日夜間
和四日清晨的事。日軍深夜將交涉員公署包圍，蔡烈士
用日語抗議；日本兵將他捉住，加以侮辱，要他跪下，
他拒絕下跪，遂遭慘殺。日本知道理虧，怕文明世界加
以譴責，於是便進一步演出毀屍滅跡的無恥慘劇。蔡烈
士死的消息和真相，我們到四日上午由他一個勤務兵逃
到總司令部來報告後大家才知道。當時槍砲聲還非常密
集，我們大家商量應當趕快提出抗議，宣佈日軍此種野
蠻的罪狀。蔣先生乃囑我起草一個抗議，我寫就草稿，
送請大家一再修正後，當天發出。也就在四日上午，忽
然來了一架飛機，在總司令部上空投彈；一個就投在總
司令辦公室後面的池裡，幸而沒有爆炸；另一個炸彈落
在我們睡房後面的一個四合院子的中間，一共死傷十九
人，其中有官長二人。這架飛機標誌不明，很可能是日
方的飛機，或是由日人駕駛為張宗昌作戰的飛機，因為
張宗昌的殘破部隊裡，決沒有在當時這種新設備和駕駛
員。四日下午，槍砲之聲稀疏，日方的態度忽然和緩。
日軍司令官福田彥助遽然派一個參謀到總司令部來說這

次衝突，出於誤會，要商量解決辦法，經蔣總司令明銳的判斷，認為這是日方緩兵之計，不可上當。他表面仍和日方敷衍，可是到晚上他在正說右邊一個大廳裡和前敵總司令朱培德，總參謀長楊杰、高級參謀熊式輝，重新部署軍事，定下退出濟南，將北伐大軍分五路渡過黃河的計劃。在這個大房間裡，把軍用地圖釘滿在壁上，鋪滿在地上，由熊高參拿了各種顏色的粉筆和一大塊橡皮，脫了皮鞋在地板上的地圖中間行走，擬定各路渡河後進兵的路線。每次劃到一條線之後，在場的人從各個角度加以考慮，再行更改或修正，如此在弄到深夜。那天晚上，我因為有事進入這間房間，亦就默默無言的停留下來，看到終止。五日上午，蔣先生要我擬一個給英美兩國在濟南總領事的函件，通告他們我軍退出濟南，僅留極少數維持治安部隊，使濟南成為不設防城市，此後一切外僑生命財產之安全，如因戰事而受損害，應由日本負完全責任，同時提到我方為領館人員安全著想願意給他們一切應有的保護。當時在濟南祇有這二個總領事館，我於五日下午五時，將這兩件的中英文本預備完畢。下午六時，奉命同曾養甫先生一同前往訪問該兩國總領事。我們坐的是總司令部的小汽車，並帶了三個衛兵一同出發；幸而得到沿途老百姓的通報，指示某街某巷有日軍哨兵及障礙物，要我們設法繞道避開。我們按照老百姓的指示，居然二館都能先後到達，雖然經過許多街口時，流彈違在亂飛。我們兩人把這函件分別面致該兩總領事；他們都深感我方的好意，卻都認為領事館是他們職責所在地，沒有奉到本國政府命令不能離開。

他們對於日方起釁的經過是很明瞭的。我們辭別以後，到晚間十一點多鐘，才迂迴的回到總司令部。我回想當蔣先生要我起草這個文件的時候，我曾經問他道：「我們就這樣退出濟南城嗎？」我問這句話時候，當然是我胸中有種不甘的心理。蔣先生回答我說：「等我把軍事擺開以後，才同他們說話！」事後我覺得這句話非常的有意義。其實就在那天下午，我軍已按照新定的計劃開始渡河了。

六日一早，蔣總司令和朱培德、楊杰、熊式輝等一行便裝騎馬出了濟南城，我和陳立夫、邵力子、曾養甫、高凌百和一部份總部人員還留在濟南城裡一天，料理未竟事宜。到下午五時，應辦的事大致已辦好了，於是我和邵、陳、曾諸人弄了一部舊汽車到一個澡堂子去洗澡；可是澡堂裡已關門了。我們好不容易得到堂主的同情，知道我們在酷熱的天氣下日夜奔波，汗酸同灰塵凝成一片的痛苦；他居然叫人燒起水來，讓我們輕鬆一下。當時感激的情緒，真是不可言宣。

七日一早，我們一道由總部出發，因為譯電員黎琬同志工作勤忙，害了嚴重的燒熱症；我們不能在患難之中丟掉朋友，於是我們繞道把他送到齊魯大學的醫院，拜託該校教務長程其保先生設法特為醫療，然後向黨家莊出發。沿途經過白馬山地帶，祇見老百姓扶老攜幼的逃奔鄉間，我們雖無老幼可攜，而且病人已安置好了，但是這群挑夫所挑當時唯一的那套短波無線電台設備，是一無價之寶，亦可以說是我們對外通訊的命脈。不料走到白馬山附近，天空又來了一架飛機，向我們的人群

行列飛來。那時候無處可避，祇能在一個土堆邊把這幾挑無線電設備放下來，正當大家緊張的時候，忽爾這架敵機，在天空爆炸，引得大家拍掌歡呼。事後卻有某部隊說是被他們打下來的，其實毫無其事，乃是該機因駕駛不慎，自取滅亡罷了。黨家莊離濟南城三十華里，我們直到中午方才同總部的朋友們會齊。當晚大家都住在總司令辦公的列車上。

八日上午，又有敵機一架，在列車的高空盤旋，這顯然是日軍的偵察機，在六日早晨，福田還想不到蔣總司令會離開濟南的。等到上午十時，他接到報告，蔣先生和他的總部果然出城了，於是敵人的總部，起了一個大恐慌，福田急得頓腳，說是以後的事更難辦了。因為福田原來的計劃想把我們的總司令圍困在濟南城裡，無法指揮所屬部隊，於是他可以盡情勒索。想不到神龍得水，從此行動自如。他以前計劃好的陰謀，突成泡影，焉得而不氣到咆哮蹬腳呢？在七日和八日的敵機，都是為偵查蔣總司令行動而來的。午飯以後，總部辦公的列車開向泰安，到達車站時將近黃昏。蔣先生是喜歡山居的人，於是雇了十幾乘兜子，大家齊上泰山。走到第一階段斗母宮，稍事休息；當時第六十師師長蔣光鼐和第六十一師師長蔡廷鍇，也跟著上來報告軍事進展的情形。大家乃一同進餐。不料飯未吃完，山下緊急的遞步哨飛奔上來，送達一件福田的要求，就是下列五項，原文如下：

貴總司令屢違對於中外之聲明。此次由貴部下之正規軍實現此不忍卒覩之不祥事件，本司令官不勝遺憾。

其加諸帝國軍部及居留民之一切損害，以及有關毀損國家名譽之賠償等，雖有待於帝國政府他日之交涉，本司令官不欲置喙，然敢對貴總司令要求左列事項：

一、有關騷擾及暴行之高級武官，須嚴厲處刑。

一、對抗我軍之軍隊，須在日軍陣前解除武裝。

一、在南軍統轄區域之下，嚴禁一切反日宣傳。

一、南軍須撤退濟南及膠濟鐵路沿線兩側二十華里之地帶，以資隔離。

一、為監視右列事項之實施，須於十二小時以內開放辛莊及張莊之營房。

盼右列事項，於十二小時以內答復。

　　　　　　　　　　　昭和三年五月七日午時

　　　　　　臨時山東派遣第六師團長　福田彥助

蔣總司令閣下

　　這五項條件，簡直把我們當一個戰敗國看待。其中那條要把我方抵抗侵略的部隊，在敵人軍前解除武裝，正是把我們國民革命軍當作投降的戰俘。這是我們無論如何受不了的！於是我們立刻下山，仍然回到列車裡面。總司令所住的那一節辦公車，原來是一輛為鐵路工程師辦公用的，前半段是一間客廳，後面有兩間房間，一間是單人房，為總司令的臥室，後面一間有四個舖位，臨時由朱培德、楊杰、邵力子、陳立夫和我五人輪流睡眠。當晚先在客廳裡商定了答敵方的文件，一共是下列六條：

蔣總司令之答覆

一、對於不服從本總司令之命令，不能避免中日雙方誤
　　會之本軍，俟調查明確後，當按律處分；但當時日
　　本軍隊有同樣行動者，亦應按律處分。

二、本革命軍治下地方，為保持中日兩國之睦誼，早有
　　明令禁止反日的宣傳，且已切實取締。

三、膠濟鐵路兩側二十華里以內各軍，已令其一律出
　　發北伐，暫不駐兵；但軍隊運動通過膠濟鐵道並
　　有北方逆軍之地方，或敵軍來犯時，本軍亦復派
　　兵往剿，至於濟南為山東都會，及其附近公物場
　　所，本軍有維持治安之責，應駐紮相當軍隊，保
　　持安寧秩序。

四、津浦車站為交通要地，本軍應派相當武裝士兵駐
　　防，以保衛車站，維持安寧。

五、辛莊、張莊之部隊已令其開赴前方作戰，兩莊之兵
　　營，可暫不駐兵。

六、本軍前為日軍所阻留之官兵及所繳之槍械，應即
　　速交還。

　　這是我們大家商量的結果，為了貫澈我們預定的計
畫，不願以「小不忍而亂大謀」，大家悲痛的情緒自
可想見，但其中四、六兩條，也還是反要求的性質。商
量定後，由陳立夫先生用毛筆寫下，時間已經到深夜
了。我們回到這輪睡的房間，也不過分別的稍為閉了一
下眼睛，天就微明了。我第一個走到客廳中，看見蔣總
司令已經穿著整齊的軍服，坐在那裡辦公，熊式輝（天
翼）高參一會兒也就進來，蔣先生對天翼和我兩人說

道：「昨晚所擬的六條答覆，請你們兩位做我的代表進
濟南城去和福田交涉。」天翼兄是日本陸軍大學畢業
生，日語很好，我是不能說日本話的，蔣先生要我們二
人一道去，大概是因為如遇有關外交或國際法的問題，
我可以和天翼彼此商量，而且我是戰地政務委員會的一
份子，接有若干與該會有關的事件，還可以相機接洽和
處理。現在是戰時，統帥的話一出來，我們欣然立刻如
受。照戰場的慣例，敵對方面有必要的接洽時，可以派
遣「軍使」往來，於是我們立刻做了二面白布小旗，上
書「軍使」二字。早飯亦來不及吃，我祇在總司令桌上
取了兩小顆巧克方糖，放在口袋裡，就同天翼一道起
程。此地我要補一句話：為了處理這件有時間性的答
覆，昨夜總司令的列車已匆匆開回到黨家莊。所以我們
順著黨家莊的大路奔向濟南。當我們重到白馬山，遇到
許多難民善意的制止我們前進，說是前面有許多日軍見
到中國穿軍服的人就要開槍掃射，而我們都是穿軍服的
人。果然，我們前進不過幾十米，日軍的槍彈就由小山
坡上飛來，我們用旗號阻止了他們的射擊，轉瞬就有四
個日本兵走到我們前面。我們將我們的使命告訴彼等，
並且要求彼等以軍用電話通知日軍總司令部派一輛汽車
來接我們。於是其中的兩個步兵緊靠我們兩旁，走過許
多水溝和泥田，到達一個連部，接通電話。日軍總司令
部居然派了一輛汽車前來。我和天翼坐在後面，他們兩
個官佐坐在兩旁，前面一個日本司機和一個把槍口安上
刺刀的步兵。經過相當的路程，到了濟南城外的日本商
埠，才知道他們的司令部原來設在橫濱正金銀行裡面。

我們先把來意通知一個參謀，然後才同福田見面。福田
態度顯出驕傲蠻橫，在談判的過程中，他尤其堅持要將
陳調元、方振武、王均的部隊在日本軍前繳械。我們是
決不肯，也斷不能屈伏的。他們滿臉凶煞之氣，以怒目
惡聲相向。我們始終沉住氣來，以堅定的態度，據理力
爭。當然在這個場合之下要求得到任何理性的結果是不
可能的，於是我們要求他以書面答覆，讓我們可以復
命。同時我們也希望他再寫一個蠻橫的文件，將來可以
公諸世界。果然這一通牒和前者一樣，都是一件史無前
例的哀的美敦書。其譯文如下：

昨五月七日午後四時，本司令官將對貴總司令所提之五
項要求條件，親交貴軍代表，雖通告內聲明限十二小時
以內回答，然至本日（八日）午前四時，仍未接獲貴總
司令之正式回答；因此，本司令官認定貴總司令並無解
決事件之誠意，為軍事之威信計，不得不採取斷然之處
置，以貫徹要求。

通告如右

　　　　　　　　　　　　　　昭和三年五月八日
　　　　　　　　臨時山東派遣第六師團長　福田彥助
蔣總司令閣下

　　何以說是史無前例呢？按照國際慣例，對於定哀的
美敦書答復的期限，至少也是四十八小時，而此書則祇
定十二小時，何況這十二小時的大部份都是深夜；加之
距離既遠，交通不便，豈不是故意作難，以造成「不得
不採取斷然之處置」這句話的藉口！無怪八日下午，我

們再出城經過辛莊、張莊時，已注意到許多日軍紛紛進
入這兩處。其實日軍於七日晚即已佔領辛莊、張莊，因
為該兩處都是我們重要營房和糧台的所在地。

　　為了等候這個文件，我們在福田辦公室的外間候了
二小時，可見他們亦感覺措辭不容易。在等候的時間，
他們的衛士居然為我們開了二瓶太陽啤酒，這就是我們
從天亮到下午二時所享受唯一的飲料和食料。我們臨
走的時候要求他們把汽車送我們進濟南城，他們亦答應
了。那時候汽車上祇有一個日本軍官一個兵，陪著我
們。朝普利門的方面駛去，日本司機不很認識路，於是
我自告奮勇下車擔任問路之勞。那知沿途商店一律關著
門，許多房屋亦是彈痕纍纍。要找一個老百姓問路，很
難見到。忽而我看見一家門縫裡有一個老人在張望，於
是我立刻跑去，從他得到正確轉彎的方向；不料當我下
車問路之時，在前面同日本司機並坐的那個日本兵，趕
快轉到後面我的空位上坐下，因為他怕兩個穿日本制服
的坐在前面，會受到攻擊，所以讓一個穿中國軍服的我
坐在前面做他們的檔箭牌。這雖是一件小事，亦可以見
得日本兵的小膽和機心。我們進城的時候要求他的車子
停在城門口等待，轉身還送我們回黨家莊，這個日軍官
答應了，然後我和天翼一同進城。在城門口碰到崔士
傑，我就從口袋裡將任命他為山東特派交涉員的任命狀
交給他，以便在圍城裡遇有外交事件時，他可以負接洽
和聯繫的責任。我們又見到留守衛戍濟南的蘇宗轍旅長
和第一軍第一團李延年團長。我們轉述蔣總司令的命
令，要他們盡衛戍的責任，不得向日軍進攻；同時日軍

來攻的時候，必須死守，並予以重大的打擊；如不奉到退卻的命令，不能撤出濟南。關於這三個要點，以後的事實都證明了他們都曾很忠勇確實的做到。我們在城裡訪問戰地政務委員會蔣委員長作賓的行蹤，知道他早已帶了一部份人員退出，所以我們在城裡約略巡視而後即行出城。走到普利門外，那輛汽車還在。我們要他送我們到黨家莊，他們最初答應了，但是汽車開出不到五華里的地方就拒絕再送。我們祇得下車步行，經道辛莊、張莊等地；沿途都是日本軍隊，以急行軍的姿態向前開動，等我們到離黨家莊不過三、四里的地方，兩面的軍隊已開始以密集的砲火互相轟擊，子彈橫飛。我們知道這道火線是無法安全越過的，於是又後退二里，巧恰在路上遇到一輛日本的裝甲砲車，將我們攔住了。車上跳下一個士兵拿著手槍對著我們的胸口；我們昂然站住了，於是他們又把車上的一個小砲口對著天翼的頭；然後由車上再下來一個軍官，他對著我們說，他姓黑田，是福田的參謀，他說我們在福田司令部交涉的經過，他都知道。他隨即指著一個在附近開花的砲彈，由我方射來的，正色厲聲的對我們說：「你們看！這是不是你們打過來的砲彈？」我看見這個情形，就把我口袋裡藏的一封福田的哀的美敦書，拿出來交給天翼；天翼對他說：「這是你們司令官的信，我們是有任務的，我們不計較自己的安危，祇問要不要達成這個任務。」這時黑田軟下來了，指給我們一條小路說道：「你們可以從這條路繞道過去。」我們就循著這條路避開火線的正面到達饅頭莊。該地許多老百姓指示我們一條此較安全的路

線，繞進泰山山脈，他們對日軍的敵愾，正是高張萬分。他們對我們二人的稱呼，忽而是參謀長，忽而副官，忽而老總，天真得可笑。因為我們對他們客氣，所以他們對我們特別友好和尊重；因為他們感覺到國民革命軍對老百姓的態度和張作霖、張宗昌的部隊顯然有極大的不同，所以他們友好的心情亦就充分的表露出來。就在饅頭莊我們找了二個老百姓做嚮導，問由泰山山脈邊緣的路線直奔泰安或是泰安附近的鐵路線，因為我們預料總司令部的列車一定是向南開的，泰安是可能的目的地；但又很可能在泰安以北的任何站停留。可是我們一入泰山山脈以後，便感覺到夜間在崎嶇的山路裡面攀跋的困難，尤其是沒有月亮的晚上，況旦飢餓與口渴交迫而來。到夜間十二點左右，在一個山坡這邊看到一個茅蓬內有微微的燈光。我就要去敲門，天翼阻止我；他說，我們是外埠的口音，夜間敲門，裡面人是一定不敢開的，不如讓嚮導去敲。天翼是對的，果然嚮導一敲，門就開了，裡面有一個五十多歲的老太婆，兒子出門去了，一個人住在這裡；她為我們燒了壺水，又在床下一個小扁桶裡，極髒的破棉衣底下，拿出三個饃來，咬下去其硬如鐵，但是略用開水在口中溶化，頓覺其味無窮。這堅實的饃，我們每人吃了一個，還有一個天翼要我放在口袋裡，以備途中不時之需。走的時候，我們送給這個老太婆二塊銀元，她感謝的心情，可以從她眼眶的淚痕充分的表現出來。二個嚮導，不能引完我們全程，所以祇有在沿路一站一站的更換。又在路上遇到一個散兵，背上背著一桿槍，於是我們收容他為同路人。

又在山腳下遇到一個連哨，問到了當夜的口令。在另外
一個山角裡，又看見了紅槍會在晚上自衛的守望方式。
我們先在這幾十家的村落的牆角上，看見一個老者，穿
了老棉襖，拿了一枝有紅櫻的槍，蹲在牆腳下，幾乎使
路過的人看不出來。他和我們接觸以後，立刻鳴鑼通知
本村睡眠中的人，於是來了二、三十個壯丁，問明我們
的來歷，我們對他們說：「我們是要報告蔣總司令發兵
來救濟南的。」他們頓覺興奮非常，要派人護送我們一
程。在兩、三點鐘的時候，月亮漸漸起來了。我們走到
一個地方，遠看有一座小的鐵橋，知道這是津浦鐵路上
的橋，乃向橋邊走去；可是究竟我軍現已退到何處，此
時亦無法決定。當時心裡想，若我軍退到橋的南邊，那
麼這道橋也可能在敵人手中。我們行列進行時彼此間保
持相當距離，輪流派一個人像放哨似的前進，等到快到
橋下的時候，忽然聽到一個士兵大叫一聲「口令」！我
們立刻用路上所遇連哨告訴我們的口令回答，於是乃確
定了這是我們自己的部隊。這道橋，就是張夏車站附近
的橋。張夏離濟南八十里，我們從黨家莊進濟南，又從
濟南走許多迂迴路進入泰山山脈，在二十小時左右的時
間，大約一共走了一百三、四十里的路程了。我們再走
一段到達張夏車站，看見車軌上停了兩列裝甲火車，一
列是中山二號，一列是中山四號。他個都是從黨家莊退
回來的，士氣非常激昂，希望再開向濟南作戰。這時張
夏軍站防守的部隊長已經接到泰安的命令，說是有熊、
羅二人到達任何地方，務派專車送到泰安，於是我們
就坐了中山二號向泰安行駛，在早晨七時左右，到達

泰安，仍與總部會合，將一切的情形作一詳細報導。
當我們八日從黨家莊出發的時候，蔣總司令已將此行
電告南京國民政府和中央黨部。到九日上午，南京還
不知道我們回到泰安的消息，所以我們兩人的死訊已
經紛傳。到下午三時，我們回到泰安的電報到達南京
了，大家方才放心。

　　說到我們退出後的濟南情形，也是非常壯烈和慘
痛。日軍於五月六日夜間開始猛攻濟南，敵方的兵方約
一師人，打了兩天仍然打不進，而且犧牲很大。到九
日，濟南守軍奉到撤退的命令，又退卻路線的指示後，
就在夜間開始突圍出城；那知不到三里，日本埋伏的軍
隊，以逸待勞，把我們第一團全團官兵打死在一千人以
上，犧牲慘重的情況，可想而見。到十一日，日軍方才
正式開進濟南城。可是我們改變戰略以後的國民革命軍
強大部隊，已經分別到達黃河的北岸。在若干渡口強渡
時，日軍曾分股前來襲擊，以圖阻撓，但是我軍一面分
兵抵抗，一面冒險強渡，終使到達北岸的兵力，仍能結
合成為平定華北的主流。六月十五日，國民政府正式宣
告南北統一完成。我們這種國民革命的精神，決不是任
何帝國主義可以壓倒的。我願意把這段目擊身受的經
驗，據實向大家報告，以表示我對於濟南事變中壯烈犧
牲的同志同胞們無窮的哀思，無上的敬意。（民國十七
年六月十四日在南京，大學院報告）

三 濟南衛戍副司令蘇宗轍報告濟南事變經過（一）

維持治安機關的組織

　　五月七日總指揮（按即方振武）於上午四時督師渡河，繼續北伐，所有衛戍事宜，令宗轍代行職權，並留第一軍第一團團表李延年及四十一軍九十一師第二團團長鄧殷藩為衛戍部隊，歸職指揮。遵即召集李、鄧兩團長會議城防警備事宜，由李團長擔任城防，鄧團長擔任城內一切警戒。一面傳令公安局韓督察長代行局長職權，迅即復崗維持治安；一面召集地方開緊急會議，成立公安局維持會，以為國民外交之機關，並司監察日軍對華之舉動，切實紀錄及攝影。至關於地方治安、人民自衛經濟補助，亦當由該會辦理，所有列席人員，一致贊同，立即籌備組織。七日上午七時，日軍圍武陰山火藥庫，砲火甚烈，守火藥庫為我鄧團一營三連李連長傳昌全部，當時李連長電話報告：「日軍進攻甚烈，請示辦法。」乃令於必要時撤退。嗣陸續退城內，計死傷十八人，失槍十八枝，李連長因指揮退出，右臂負傷。

與倭軍交涉的經過

　　上午十時，日軍由公安局商會以電話轉請我方，派代表至普利門外青年會，磋商事件。當派裴參議鳴宇至商會，邀同崔交涉員景三、李副處長月樓前往。據回

稱：晤日軍司令官福田及日領事時，熊式輝師長亦至該
處。日通譯官傳述，若維持和平，謀兩國之睦誼，應速
將城內駐軍繳械，免再發生衝突。鳴宇答謂貴國維持和
平，極為欽佩，敝國軍事當局，亦同此心理，惟願兩國
軍事當局本此精神，下令軍隊，各守原地，勿再相逼。
至此次慘案，靜候外交當局辦理，以免再有誤會。至城
內駐軍繳械一層，決難辦到，鳴宇只能為意思之傳達，
不能負此重大責任，應請諒解。而待立之日軍表示堅不
承認，並用手槍威脅。鳴宇謂即將我打死，亦不能承
應，然即打死我，於事無濟，仍請諒解。日軍又謂敝軍
奉令本日十二時佔領普利門，諸君請軍撤退，以便前
進，敝軍到後，即行退出，決不久佔。鳴宇只能將斯意
轉達，請予以相當時間，以便磋商纔好。彼欲扣留鳴
宇，此時崔交涉員景三以日語與日軍談話數分鐘後，即
向鳴宇說：咱們一同回去，著普利門守兵撤退罷。遂同
出青年會而歸。行未三十步，右側伏臥之日兵即在背後
放槍，幾遭不測，普利門我守衛兵並未還擊等語。商會
及各機關見於局部交涉無結果，請求我軍退駐城外，以
救城內人民生命財產。當告以軍人以服從命令為職責，
決難自主。乃又請以退讓普利門，以為緩衝。竊以我軍
事上亦不能內外兼顧，如至必要時，亦必須放棄外城，
乃允其請，以視日軍之行動。並告以對日之辭曰：我軍
奉令防守，無命不敢自退，特遵總司令命令，十二分避
免衝突，即日軍無禮射擊，亦決不還擊；若逼迫已甚，
我官兵武器在手，為自衛之抵抗，不能制止時，日軍司
令當負全責。而商會會長李月樓等又往與日軍接洽，日

軍仍以命令式令我軍繳械退出。復稱如讓出普利門，彼佔領後，仍行退回商埠云云，無圓滿之結果。

日軍槍散我軍情形

　　嗣日軍以汽車（按一說作坦克車）向我普利門衝鋒，傷我士兵七、八人，當被守兵擊退。然日軍逼近已甚，乃於午後四時自動將普利門放棄，固守城內，日軍益肆淫威，為攻城之設備矣。諜報七日下午三時，第四十七軍軍長高桂滋正在準備出發渡河，日軍突來騎兵數十騎，步兵、砲兵、迫擊約五百人，傷我官兵十餘人。軍部衛隊團團長張慶堂為自衛之抗抵，全部始得安全渡河。同時又將津浦鐵路毀壞，斷我交通。七日下午三時，日軍集中砲火，燬我永順門。我方負傷官長二員，兵士十餘人。日軍專以優勢砲火攻擊西南外城一帶，使我不能立足。我方為集中兵力便於防禦起見，黃昏前一律將外城放棄，退守內城。當即召集李鄧兩團，同赴城隍視察一切。並分畫區段，積極趕做工事。李團擔任西半部城防，鄧團擔任東半部城防，並任城內警戒。午後四時，日軍在南門外千佛山西麓，放列多數砲位，向城內施行猛烈之砲擊，因此工作大受影響。然自衛情急，仍然不避砲火，從事做工，以致士兵時有死傷。至於公安局長事先出省，主宰全無，故一聞猛烈砲火，其局內職員警士星散，而民益不安。故各街舖戶十九皆堅閉門戶，而欲施檢查戶口種種警備工作，更不能如願以償。且各機關對於死守城池，又皆面諛心非，

不獨不能為相當之援助，且表示死守之無益。處此狀態
之下，益增無數困難。八日晨，日飛機來四架入城擲炸
彈數枚，先炸毀城內電報局，聞炸死職員二人，傷二
人，房屋均毀，其他未調查。省垣人民，素未經砲火轟
擊，人心極為惶恐。復飭警察協助軍隊竭力維持，發貼
安民佈告，以安人心。所幸官兵一心，士氣旺盛，絕未
因環境惡劣，少為沮喪，故皆誓死捍禦。是日砲火之烈
益甚，每次六砲同發，鐵甲車上之砲，在城西北一帶活
動，同時亦向城內發射，且均係野砲，破壞力甚大，衛
戍司令部前後房舍、督署、省長公署及各門城樓，均為
射擊目標，每處平均被其砲擊百餘砲，房舍崩塌甚多。
日飛機兩次來窺察，均被射回。是日，全日兩團官兵及
本部人員，均上下一致協力防守，異常穩固。九日晨至
黃昏，日軍以飛機砲火攻城，較前尤甚。至午，東門日
軍增加百餘，利用附廓民房，以長梯十餘個，搭上城
牆，同時用砲火掩護扒城，幸我鄧團之一營奮身抵抗，
將日軍完全擊退。而該團一營第二、三連首當其衝，並
受砲火之殺傷，死傷頗眾，然士氣仍不稍懈。日軍見扒
東城之計不逞，至夜至西門外將電燈廠電機關閉，電話
電報，均被破壞，全城黑暗，消息不通。十時左右，日
兵圍攻益急，除南門外，砲位及鐵甲車砲位向城內連環
發射外，西北城隅電燈廠及麵粉廠樓上，均有日兵以輕
機關槍向城內守兵放激烈之射擊，以探照燈向城內探
視，以致第一團死傷極多，不得不以第二團之兵向西增
加，以壯士氣。迨至十二時，接李團長電話報告，西北
隅極危急，當飭死守，不得輕於放棄。旋聞日兵百餘人

佔據西北隅城隍，我守兵與之肉搏數次，死傷益多，不得已退後，各據城隅對峙，此時更為危險。十日上午四時，西北隅既被日軍佔據，我方官兵死傷枕藉，士氣亦非前旺盛。此時司令部後街放手提機關槍、駁壳槍者有十餘處之多，幸皆處以鎮靜，復於附近街市，扼要堵守，並躬同鄧團長至緊要各處布防，以防擾亂。

　　至黎明往查，日兵將西北隅城隍佔據約二百米達，兵力約一排，時已作有工事，以為掩護，我方進攻數次不得手，仍與對峙中。職以死自決，勉勵各官兵誓將入城日兵消滅，相持至午，卒未能將日兵擊退，但地方人民轉較安靜。商會會長李月樓來部慰勞，並贈香煙、毛巾、罐頭等物，當即平均分配兩團及本部各兵。午後二時，商埠紅卍會、商會函稱，南門及東南門無日兵，請將城內婦女放出，以救民命，已經日軍許可等情。當函復恐為日兵所乘，該會等如能切實負責，亦無不可，但須審慎行之。去後，日飛機又來偵察，並散傳單通告人民，速由東南門出城，無有危險，如有遲疑，明日即不準通過云云。此時人民甚安靜，但日兵仍佔據西北隅，李團長接無線電，其師部已退往仲宮鎮，軍部駐泰安，外交仍無結果。乃召兩團長會議，決於短時間將城內日兵擊退，以便突圍，至必要時出城，並預定突圍計劃。五時，令鄧團長親率第三營迫擊砲，往西北隅增加指揮一切，職於六時亦往督戰，懸賞挑奮勇隊兩隊，衝鋒至五次，始得將城牆上日軍完全消滅。十一日，奉總司令蒸電開，銜略。勝密派便衣偵探偵察東西門日兵薄弱部，乘夜暗率部衝出，直入山地，再轉道張夏、灣德或

山口均可。並已轉告在南山諸君接洽矣。奉此。遵即按
預定計劃，由新東門衝出，至仲宮鎮集合；兩團分進，
即日午後六時均到仲宮鎮點名。記李團先後死傷失蹤約
六百人左右，鄧團死傷失踪三百人，所得戰利品全皆拋
棄，兩團輜重亦損失殆盡。十一日經石店駐大灣德兩
日，以金錢購買給養不出，即零星買些，於事無補，遂
電請總司令速飭兵站設法送來，以濟兵食。幸大灣德為
本軍舊駐之地，村長曲經德尚念舊誼，代購麥子紅糧
二千五百斤，連夜磨出，以供食料，而官兵未得一飽，
計用洋二百五十元，當即照給。次日，經界首至大辛莊
休息，李團向泰安跟進，師部鄧團晚住張夏，並令次日
宿寧陽，十四日同至濟寧休息整頓，並將餘款發給各營
連，以備沿途購買食物。職赴泰安行營總司令部報告，
到泰安謁賀高級參謀，報告經過情形後，即請馬參謀端
圖以電話報告總司令，第一團已抵泰安，鄧團往濟寧，
當蒙電諭賞大洋一萬元，該部之五千元，著赴大汶口第
一軍經理處具領。又總兵站派何副官榮彬，送至泰安軍
米三百包，又因在泰安收容官兵三十餘人，在第二分監
商借軍米二包，現將軍米運至濟寧，交鄧團長收儲備
用。十四日至兗州謁總司令，已出發，在兗休息一日，
次日回濟寧，辦理結束，鄧團死傷人員、馬匹、槍械，
除飭該團具報外，所有衛戍濟垣及退駐濟寧經過情形，
理合據情報告，仰祈察核。謹呈國民政府戰地政務委員
會主席蔣。濟南衛戍副司令蘇宗轍叩。（錄自民國十七
年六月七至九日上海中央日報）

四　濟南衛戍副司令蘇宗轍報告濟南事變經過（二）

此次我軍北伐，於進行極利長驅直入之際，日兵無端狙擊我軍隊，斷絕我運輸，屠戮我商民，此誠我國有史以來所未有之奇恥大辱，我國民固應時時刻骨銘心，以圖報復。惟此次慘案發生之因果，各報雖有記載，尚多觀察互異，詳略不同之處；而狡黠之日人猶復強詞申辯，淆亂聽聞。此亟應根據事實，扼要申述，俾全國人士與世界友邦得悉此中真相。

四月二十七日，我軍左翼突破肥城，腰擊大山崮山，敵人已喪膽落魄；同時劉總指揮部隊由正面積極壓迫，分兵循泰山小道直驅八里窪，以窺濟城；方總指揮則統率第四軍團由肥城、崗山、長清分道側擊，敵人招架失措，我軍猛力追擊，二十九日即抵距濟城最近之黨家莊與黃山店，三十日猛撲新城兵工廠、雒口諸地而佔有之。當日上午，九軍第一師入濟南城，守衛四門，第四軍團則一意追擊敵人，肅清戰場，大部份配置於黃河沿岸及津浦線以西，其留守於辛莊營房者僅一小部份耳。至下午方總指揮始輕車簡從，帶衛隊數十人，偕同日本旅司令與翻譯員入城，隨時訪晤日當局，並切實聲明我來濟部隊愛護友邦僑民，意志相同；惟望其勿妨害我之主權，以維親善。當日平安如恆，五月一日亦能相安無事。二日蔣總司令、黃外交部長、戰地政務委員相繼來濟。總司令即向日人提出撤銷警戒，避免誤會之通告。日人表面容納，暗中則擴大警戒範圍。最初日兵在一定範圍內嚴密布

置，我方部隊甚少，尚易於迴避，故無誤會衝突之
虞。嗣後我軍陸續到濟，部份既雜，人數又多，加以
日人明修棧道，暗渡陳倉，我武裝同志無一定迴避界
線，遂致我各部宣傳員在商埠附近黏貼宣傳標語，屢
被干涉，任意毆辱。我軍民走入其無形之警戒範圍
內，竟橫遭殺戮，一時人心洶洶，大有一觸即發之
概。此日人存心搗亂，雖千回百折，無可避免之實在
情形也。三日上午十時，又因日兵任意挑釁，刺殺軍
民，群情憤激，遂一發而不可遏。事端既起，我方盡
力鎮壓，避免衝突，與日當局善意商量，令我武裝同
志遠離商埠，即城內部隊亦向後方開拔，僅留兩團士
兵維持城內治安。但在日本警戒線內之武裝同志，此
時早已無路可出，束手待斃。關於此點，益可反證日
人有意挑釁，暗設網羅之詭計。當時日人言論，多諉
過賀總指揮第三團為始作俑者。其實賀總指揮嚴飭部
屬，一律不准進城，靜候命令北進，僅一小部隊住於
商埠範圍內耳。日人即以其設就之阱陷中所得之服裝
槍枝，橫造謠言。此無異盜賊劫主人不自隱匿，轉敢
公然歸罪於被劫之人，事理荒謬，孰過於此。此外亦
頗有人謂濟南事變，實肇禍於第四軍團。查該軍團部
隊盡在黃河沿岸，已如上述。即困守孤城，與暴日苦
戰三晝夜者，亦係九軍李團與四十一軍鄧團，此種不
知底蘊之臆測，更屬無庸置辯。三、四兩日，外交方
面，我讓彼進，竟殺我外交委員蔡公時等，殘戮我無
辜軍民，霸佔車站，斷我交通，我方益知日人蓄意阻
止北伐，冀復蘇垂死之軍閥，兇狠蠻橫，不可理喻，

祇有殺到京津，方是革命前途之唯一生路。故第四軍
團於四、五兩日中悉數渡河北進，殺伐敵人。方總指
揮即於七日下午過雒口，督隊前進，同時第二十六軍
亦由雒相繼渡河。蔣總司令為避免衝突計，於五日離
濟，令飭近城各軍後退二、三十里不等。不料日人得
寸進尺，於我軍離濟北伐時，竟於八日提出限我守軍
在一小時內繳械離濟，否則砲擊全城之通牒。我軍以
守土有責，未奉命令，斷無放棄城池之理答之。彼即
大肆獸行，開砲轟城。計未得逞，復試放開花彈於城
內，燬民房，殺婦孺，一時哭聲、呼號聲與日兵大砲
聲、機關槍聲相雜，阿鼻地獄，立現目前。我守城士
兵實數不及兩團，以云抵抗，已屬萬難，況長官不准
開槍，祇得坐城死守，以肉體與日人之砲彈槍子相
持。九日，日兵拂曉攻襲，砲火猛烈，房舍震動，復
搭浮梯，衝鋒登城。我守軍忍無可忍，不得已方用步
槍射擊，壓迫日兵後退，然仍不遽放大砲機槍，一則
表示善意，冀其覺悟，二則恐燬民房，傷民命也。如
是相持至十日晚十時許，我守軍得退卻令，方整隊退
出，與日兵略事衝突，即安然南行。總之，此次濟
變，實釁自日開，無可諉卸，觀事實上，固已昭然。
我軍於四月三十號抵濟城外，五月一號進城，三號以
前，皆能相安無事。使我軍有意尋釁，必不待三號始
發，此釁自日開之鐵證一也。當我軍初至濟南，挾百
勝之威，初盛之氣，目覩日人聲勢洶殘，殺我軍民，
尚能服從軍令，含垢忍痛，則三號斷不肯先發制人，
此釁自日開之鐵證二也。五月一號，蔣總司令、黃外

交部長、戰地政務委員會蔣主席先後進城。此數公皆
秉承中央外交方針，和平應付。我軍於軍政要人來到
前，尚能容忍，而謂於軍政要人進城坐鎮後，轉滋事
端，萬無此理，此釁自日開之鐵證三也。當蔣總司令
入城，力謀避免誤會，一面要求日兵撤去警戒，一面
令我軍離開濟南；而日兵雖操納，實則暗中濟張，此
釁自日開之鐵證四也。雖有強權，理不可掩，有此數
證，日人雖狡，不知更有何詞足以自釋。日人視我山
東滿蒙，久已如囊中物，彼見我軍北伐進展極速，指
顧間可達統一目的，則此等囊中物即根本動搖，故極
端阻撓北伐。去歲出兵山東，詭計已售，此次仍襲其
故智，借口護僑，出兵布防，以為我軍斷難飛越。不
料蔣總司令用兵神速，突佔濟南橋，設我軍進行無
阻，數十萬雄師沿津浦路北上，則掃餘軍閥餘孽，真
如摧枯拉朽。日人知一著已失，意欲達其阻撓目的，
遂張脈憤興，操刀殺人，佔我津浦路，毀我黃河橋，
北至雒口，南達黨莊，駐紮重兵，扼我欲進之師，斷
我渡河國軍之糧，我軍不得已乃易取大汶口之旱道，
經肥城、長清而渡河，以濟軍實，受其影響，已屬不
小。日人猶不甘心，更從而擴大警備戒線，陳兵我濟
河、長清，劫奪我糧彈，大施其盜賊伎倆。於是我軍
不得已更改兗州，經汶口、東平、東河而渡河，糧彈
轉運，盡賴土車，後續部隊悉數步行，艱苦情況，匪
可言喻，其挫折我軍，可謂極矣。彼之出兵已屬違背
國際公法，而出兵唯一理由，端在護僑。彼濟河、長
清，皆距濟南五、六十里，無一日人，容有何僑可
護？此其蓄意為難，固已不辯自明。自甲午以來，日

人固無日不以政治、經濟、武力壓迫我國，致利權日
喪，國力日蹙，然絕未有侵犯我主權如此次之甚。殘
暴兇狠，蠻橫無理，本屬日人天性，此次獸行，固意
中事；而打倒此等野蠻之暴行，則為我國民應有之決
心。譬如豺狼橫行，傷人靡已，除此大害，乃人之
責，若猶互相推諉，則其為害將不知伊於胡底。此次
本人隨軍北伐，認為最痛心者，除日人之殘暴外，更
有二事：自八日至十日每晚當砲火極烈時，奉魯軍閥
餘孽竟在城中徹夜散放槍彈，擾亂軍心，以助日兵，
喪心病狂，一至於斯。又當日軍橫行之際，濟南商會
乃推代表見留守當局，表示希望退兵，以保全城中生
命，雖一再譬解以國際關係，情異國內戰爭，若輩猶
茫然不知，一味言哀色戚，懇求於欲言不言中。當
十一日晨，日兵進城高歌狂呼之際，商會竟與福田會
同出示安民，自儕於日人之列，哀哉哀哉，民氣如
此，夫復何言。日兵駐守四門，監視行人，有可疑者
即立饗刺刀；並挨戶搜查，開門稍遲，則無論老少男
女，一律刺死。日司令同時指定與張素有淵源之田維
望為警察廳廳長，出維治安；並令警察敲鑼告眾，速
毀中央小票，逾限查出，格殺勿論。十二、三日則搜
查學校，青年之死於刀下者，不計其數。勒用日本軍
票，違者輒殺。嗚呼，國未亡而吾人所受之痛苦，實
有甚於亡國奴，斯仇不復，何以為人？凡我國民，皆
應抱打倒日本帝國主義之決心；一方臥薪嘗膽，生聚
教訓，準備與日人決一死戰；一方平心靜氣，研究外
交策略，樹立永久對外方針，跳出日人籠罩東亞外交

之窠臼，勿再蹈秘密外交之覆轍。舉國一心，互相策勵，去內爭之私意，抱殺敵之宏願，庶幾此仇可報，國力可申，神震華胄，不致滅跡於世界，此本人所馨香禱祝，期與國人共勉者也。（錄自《黨國名人重要書牘》，上海會文堂書局編印，民國十八年十月出版。按此二項報告中有相互補充之處，茲將其並存）

第五節　濟南事件之交涉

一　事變發生前之交涉

先是十六年春我軍克復南京後，即渡江北進，不月餘而蚌埠、徐州皆下，魯軍望風先遁，克復山東，指顧間事。此時日本大起恐慌，以我軍一佔山東，則不但彼在山東之利益大受影響，即所有在華北全部利益，亦將次顛覆，不能如軍閥時代之為所欲為。即是之故，乃於是年五月間，藉口護僑，悍然出兵山東，暗助直魯軍閥軍火，阻止我軍前進，且有換裝代軍閥作戰者。當始事時，我軍猝未及防，大受挫損，退回南京，致革命生命幾瀕於危。國民政府外交部以日無故侵害我國領土主權，由外部提出嚴重抗議，雖旋即撤兵，然必不甘心於我而思再逞者，當未一日忘也。故此次我軍再渡江北伐，彼乃不能坐視；又適值日本內爭，田中欲移國人視聽於外，以緩和國內政爭，因此對出兵山東之舉益決。我外部聞訊，當然嚴重抗議，並勸告對山東停止一切軍事上之準備。其照會全文錄之於左：

中華民國國民政府外交部長黃為照會事：去年五月間，貴國政府於本政府出師北伐，迫近魯境之時，突有出兵山東之舉，本政府以貴國此種舉動，實屬侵害我國領土主權，不特違背國際公法，抑且破壞條約，當經本部電達貴大臣抗議在案；嗣後雖不久撤兵，我國民對領土主權之橫遭侵害，不禁猶有餘痛。本政府自定都南京以還，對於各友邦之僑民生命財產，迭次飭令所屬力

加保護，今春第四次中央全體會議，又有具體表示，最
近國民革命軍北伐途次，復由蔣總司令正式頒發布告，
並下令全軍切實負責保護外僑，業於本年四月十六日電
令江蘇交涉員將此意照會駐滬貴國領事，轉達貴國政
府，而本部長於此數月所特為致力者，尤在遵照本政府
之外交方針，以誠懇之精神與各友邦圖謀此次解決各種
懸案，以釋誤會，親善日增。乃貴政府對於上列一切事
實，概行不顧，於我大軍再度北伐之際，統一將次完成
之日，又有出兵山東之議；情形辦法，一如去年五月，
是則於情於理，兩不可通，不獨公法條約蹂躪殆盡，更
恐因此釀成意外，責將誰歸？貴國政府此種行動，目的
究竟何在？若慮戰地僑民蒙意外之危險，則儘可按照國
際慣例，從容別謀安全之策。不意貴國政府不此之圖，
復蹈前轍，遽行出兵。是以本政府不得不提出嚴重抗
議，應請貴國政府重加考量，顧全兩國人民歷來之好感
和融洽，迅將所擬派赴山東之軍隊，一律停止出發，以
維邦交，而敦睦誼，是所至盼。相應照會貴大臣，請查
照見覆為荷。須至照會者，右照會日本外務大臣田中。

　　日本接此照會，置若罔聞，曾不稍戢其野心，仍積
極籌劃進兵山東，既派遣第六師團福田兵士五千名前來
分駐於青島以及膠州沿線，且另命於該部隊未經到達之
前，暫將駐華北軍中之三個中隊派駐濟南；迨福田師已
進山東，日政府始照會我國。我黃外部長根據日照會，
特訓令江蘇特派交涉員照會日政府以駁斥之。其駁斥照
會之文如左：

為訓令事：本月二十二日據該交涉員二十一日呈稱，准
駐滬日本總領事函稱：現奉本國外務大臣電訓令內開
（從略）等因，奉此，相應函達，即祈查照等因，理
合據情轉陳，仰祈鑒核示遵等情。據此。查此次日本
政府於我軍再度北伐之時，又有出兵山東之舉，不獨
公法條約蹂躪殆盡，更恐因此釀成意外，責將誰歸，
業於本月二十一日備具照會，嚴重抗議，交由駐寧日
本領事轉達日外務大臣在案。今察核日本外務大臣所
稱出兵理由，不勝駭異。夫一國因革命戰爭或其他災
變，致僑居該國之外人生命財產有感受危險之虞時，
除依賴僑居國政府，受其保護，或遵奉僑居國政府之
命令暫時遷徙於安全地域外，別無他策。此種慣例，
久為國際所通行，蓋無論何國，絕不能保證永無變亂
之發生。若甲國藉口自國僑民之生命財產將受危險，
而逕行派兵於乙國境內，以自行保護，不特侵略乙國
之領土主權；而此端一開，乙國即感覺凡甲國僑民住
居營業所達之地，即隨時有致甲國派兵侵入之虞，將
令乙國所闢商埠、發展內外貿易及將舉國際投資以
開利源等政策，頓生障礙。乙國國民對於甲國僑民之
所在，尤有戒心，實非兩國之利。況就目下在我戰地
以內僑民之情勢論，我國民革命軍已嚴密注意加以保
護，並無危險之虞；縱或慮有萬一，亦儘有臨時趨避
之餘裕。乃日本政府竟於此時為明犯我主權而毫無必
要之出兵，本國政府及國民實萬難容忍，合亟令仰該
交涉員以此意旨照會駐滬日本總領事，轉達日本政府
查照本部前次抗議，迅將所擬派山東之軍隊停止出

動，其已開發者從速撤退，是為至要。切切此令。中
華民國十七年四月二十六日　外交部長黃郛。

二　事變發生時之交涉

當濟案發生時，黃外長適在濟南，三日上午突聞日
兵開釁，正擬急切處理，前往日領署交涉，適日軍參謀
河野派憲兵前來外部臨時辦公處邀商辦法，同時蔣總司
令亦電請黃外長就近交涉，黃遂往晤河野，擬約以雙方
各派一人沿線巡行，先阻止射擊，後再談判；但日方否
認此辦法，且態度非常凌厲，並一時軟禁黃外長。至下
午七時，黃始出，當往晤蔣總司令報告交涉情形；蔣總
司令即召集楊參謀長、朱總指揮、劉總指揮等會議對付
辦法，結果決取鎮定和平態度而已。

黃外長與日軍交涉無效，四日以急電向田中提出嚴
重抗議，請其立刻電令在濟日兵先行停止一切殘害之暴
行，並立即撤退違反公法、破壞條約之駐兵，一切問
題，概由正當手續解決，並聲明保留所有應提要求。其
照會原文如左：

田中外務大臣勛鑒：貴國出兵山東，不僅侵我領土
主權，業經本國民政府二次抗議在案，並聲明如不幸引
起誤會，貴國當負其責等語。不意五月三日上午，在濟
日兵無理起釁，對我駐軍及民眾肆意射擊，當由國民
革命軍總司令嚴令我軍離開貴軍所駐區域附近，並命高
級軍官馳往日軍司令部妥商防制衝突辦法，乃亦遭侮

辱，得無效果；日軍並以機關槍掃射，又屢屢開砲轟擊民房，派隊侵入交涉公署，對山東特派交涉員蔡公時割去耳鼻，與在署職員十餘人一同槍殺，本部長臨時辦公處亦遭有組織的射擊及搜索，中國兵士人民死者不計其數，並侵入我軍駐地，勒令繳械，我軍隱忍，不與抵抗。三日晚十一時，當我軍高級軍官與貴國黑田參謀長商議善後辦法之時，日軍竟放大砲五次，並派兵毀我無線電臺。四日日軍所佔區附近，已無一華兵，尤復不斷射擊，迄今交通阻隔，全城輟業，不特蹂躪中國主權，並為人道所不容。今特再向貴政府提出嚴重抗議，請立即電令在濟日軍，先行停止槍砲轟擊之暴行，並立即撤退蹂躪公法、破壞條約之駐兵。先決問題，概由正當手續解決，國民政府並聲明保留所有應當提出要求，想貴政府必不願對中國全民族有不堪忍受之敵對行為，且與世界人道主義為敵對也。特此嚴重抗議，謹希急覆。須至照會者。國民政府外交部長黃郛發於濟南。

國民政府駁復日本覺書節略

民國十七年五月二十九日

五月十八日受到覺書，業已閱悉。敝國人民為解除本身之痛苦，而有改革政治之舉，以期實現我國之永久和平與統一，使人民得以安居樂業，而僑居中國者亦得增進其幸福。為欲達到此期望，不得已而採取之軍事行動，現已發展至最後階段，國民政府相信最近期間必可實現中國之和平統一。對於軍事區域，事前之佈置與臨

時之保護，自當為周密之注意與部署。東三省方面商務繁盛，外僑眾多，國民政府對於該地治安問題，將以妥善之方法使中外人士咸得安全之保護，此國民政府自有之責任。第貴國覺書中，有為維持東三省治安起見，或將不得已採取適當而且有效之措置等語。此等措置，易涉中國之內政，且與國際公法上列國相互尊重領土主權之原則，顯相違背，國民政府萬難承認。深望貴國政府為兩國之永久親善計，避免一切妨礙友好關係發展之行動。須至節略者。江蘇交涉公署印。（錄自外交部公報第一卷第二號）

附日本覺書譯文

民國十七年五月十八日到

歷年甚久中國戰亂之結果，使一般國民生活陷於極端不安及困苦，僑居中國之外人亦在不能享受安居樂業之狀況，故戰亂能及早一日終熄，以達到目的統一而和平之中國，此乃無論中外人等所同具之熱心，尤其是中國之鄰邦有利害關係特為深切之我國所盼望不已者。但目下觀戰亂情形，將波及京津地方，而滿州方面亦將有蒙其影響之虞。緣以滿州治安之維持，在我國最為重要，如淆亂該地方治安，或者造成淆亂原因之事情發生，我國政府應須極力阻止之，故戰事進展至京津地方，其禍亂或及滿州之時，我國政府為維持滿州治安起見，或將不得已有採取適當而且有效之措置；惟對於交戰者，自當力持嚴正中立之態度。至我國政府之方針，

與向來仍無何等之變更，一旦出於該項措置之時，關於其時間與方法，本政府可斷言現有當然加以周到注意之用意，以期對於兩方面不至發生何等不公平之結果。（民國十七年五月十八日，錄自外交部公報第一卷第二號）

三　國民政府將濟南事件電告國聯及友邦

國民政府主席為日軍在濟南啟釁通告國際聯盟會要求國際調查公斷電

民國十七年五月十日發

　　瑞士日內瓦國際聯盟秘書長德蘭孟爵士臺鑒：余茲以中華民國國民政府主席之資格代表國民政府，請執事注意於因日本出兵山東省及日本軍隊在山東所為之戰爭行為所引起之嚴重形勢。本月三日在濟南之日本軍隊開槍射擊中國士兵及中國人民，而在中國兵民方面，當時並毫無挑釁行為。同時日軍並對附近居民區域施行砲擊，以致中國人民死亡者逾千數。尤有駭人聽聞者，當日有日兵多人侵入當地中國交涉員公署，逮捕交涉員，割去其耳鼻，並將該交涉員及其屬員多人一併就地槍斃。

　　加之本月七日，日本駐濟軍隊司令官突向國民革命軍總司令提出無理且不可能之條件多條，並限十二小時內答覆。嗣後不俟我方答覆，日軍又開始更大之戰爭行為。此項行為，迄今尚未止。而且日本海陸軍現仍續向

中國領土增派，雖以如此種種挑釁行為，中國軍民長官嚴守政府命令，始終忍讓。

余將特請執事注意：現在日本侵略行動，實已侵犯中國領土及獨立，而危害國際和平，應請執事按照國際聯盟規約第十一條第二項，即行召集理事會會議。余亟盼國際聯盟知照日本，停止日軍暴行，並立即撤回山東軍隊。國民政府深信我方理直，對於此次事件之最終處決，願承諾國際調查或國際公斷之適當方法。中華民國國民政府主席譚延闓。（錄自國民政府公報第五十七期，民國十七年五月）

國際聯盟秘書長覆國民政府譚主席電

南京國民政府譚主席鈞鑒：接讀五月十日來電，已轉告各國國際聯盟會會員及中國代表陳籙矣。（十二日到）（錄自民國十七年十月十日上海中央日報國慶特刊「國民政府最近外交文件集」）

中國國民黨為日軍在山東暴行告友邦民眾書

民國十七年五月七日

中國國民黨特鄭重昭告各友邦民眾：此次日本軍隊在山東濟南之暴動，實為違背人道、破壞國際公法之野蠻行動，乃我全體人民不可磨滅之大恥辱。

中華民國國民政府為促成國內統一與安寧，乃有北伐之舉，且一再鄭重聲明保護外人生命財產；不意

國民革命軍進抵濟南之際，日本田中內閣竟蔑視我國主權，悍然出兵侵入我國領土，屯重兵於濟南，居心叵測，不言可喻。

當國民革命軍克復濟南之第三日（五月三日），日本駐兵忽來尋釁，用機關槍掃射當地軍民，計死於是役者不下千人，雖婦孺亦無倖免。嗣復闖入山東交涉公署，對特派交涉員蔡公時慘加侮辱，割去耳鼻，並將署員十五人一一槍殺，實屬慘無人道。而臨去之際，復縱火焚毀交涉公署，後又馳赴外交部長辦公處為有組織之射擊與搜索，復並砲擊其他官署民房，當地無線電臺亦被擊毀。

吾人見日本當局為虛偽之宣傳，顛倒是非，故不得不將經過之實在情形電達各友邦民眾。彼日本軍閥之對華暴行及暴行後之虛偽宣傳，無非欲阻礙中國之統一，遮斷世界人民對中國之同情而已。本黨深知中國之國民革命運動，久邀世界人民之同情，故為此誠懇之宣言，求公道之評判。中國國民黨中央執行委員會。

國民政府主席為日軍侵略山東致美國總統柯立芝電

民國十七年五月十二日發

華盛頓總統府柯立芝總統鑒：日本派遣軍隊入我山東，殺害我交涉人員，迭次砲擊我和平軍民，為實際的戰爭與侵略，現仍增兵不已。余以中華民國國民政府主席之資格，敬請貴總統注意。中國方面深信國際和平與正誼

之維持，為文明諸國之共同責任，故對於日方暴行，迄今極端容忍。往者山東問題之解決，實有賴於諸友邦之斡旋；而貴國之盡力尤多，敝國人民至今耿耿在念。現在貴國政府與人民對於日本所演成之嚴重局勢，余與敝國人民亟望聞其所持之態度。中華民國國民政府主席譚延闓。

四　駐日公使對日政策的主張

駐日本汪榮寶公使致外交部電

民國十七年五月二十三日

北京外交部：新外，十九日電悉。日政府蓄意乘我內亂，將滿洲確定為其保護領土，覺書要義在此，我若不就此點駁覆，彼即視為默認或更提出條件，著著進逼。鄙意此時宜從根本否認，無論如何要挾，概置不理，惟須約束軍隊，嚴守紀律，勿予口實，此事對內對外關係甚重，稍有遷就，後患何堪設想，務乞堅持，並盼電覆。榮，二十三日。

五　王正廷部長與日使解決濟南事件的會議紀錄

會議錄

一、關於共同聲明者
　　王部長與芳澤公使，茲為解決濟案，增進兩國睦誼

起見，彼此同意將另紙所記之中日共同聲明書，於本年

　　月　　日在南京、東京各自發表。

二、關於損害問題者

　　王部長謂：濟案發生，中國方面既受損失，據芳澤
公使迭經陳述，日方亦有損失，此乃事實問題，故提議
兩國任命同數委員，組織共同委員會，使之調查雙方損
害額數，而辦理之。

　　芳澤公使謂：雖相信中日雙方所受之損害，認其額
數略同，不妨即行抵銷；然王部長既經提議設立共同委
員會，使之法定，予當以予所述之此項抵銷趣旨，予以
同意。但該委員會調查之範圍，只限於兩國個人所受之
損害。

　　王部長謂：可。照此即行辦理。

　　如此附於別紙之議定書，雙方意見一致。

三、關於保護日僑以及其他問題者

　　本問題雙方辯論之結果如左：

　　（1）芳澤公使謂：本公使願知山東日軍撤去後，
國民政府關於日僑生命財產之保護有如何具體方法？

　　王部長謂：山東日僑生命財產，國民政府向負全責
保護，將來當以外交部長資格負全責予以適切之措置，
國民政府當命令山東省政府對於日僑予以保護。此項命
令鈔錄一份，送芳澤公使。

　　（2）芳澤公使謂：不但山東，中國全國之排日排
貨事件，要求國民政府嚴重取締，以期速行消滅。

　　王部長謂：此事本部長當以誠意負責設法，並商
中央黨部密令各地黨部勸導，以期即行終熄排日排貨

之運動。

（3）芳澤公使謂：為確保膠濟鐵路之交通，希望
國民政府承認以下諸事項：

（甲）該鐵路之車輛不得移用於他路。

（乙）該路收入除充該路本身之經費及償還日本政
　　　府債務之本利外，不得流用於他途。

（丙）增加配置於該路重要地位之日本人數。

王部長謂：鐵路交通之確保，國民政府向所最為注
意，惟視為與撤兵問題無涉，自動的處置可使鐵道部長
令該路局長不得移用該鐵路車輛於他線。該路之收入除
養路費以及償還日本政府債務本利外，不使移用於他
途。鐵道部致該局長命令可鈔錄一份送達芳澤公使。至
於該路重要地位增用日人一節，本部長祇能以該路理事
長資格處理，不能與濟案相提並論。

（4）芳澤公使謂：凡山東條約所載或細目協定所
載，如青島碼頭之完成，外人之參與青島市政，膠濟路
沿線開埠以及其他中國方面之義務，尚有未履行者，要
求國民政府此時即行履行。

王部長謂：國民政府對於該條約及協定中中國方
面應履行之義務，固應履行之。但此事不能作為撤兵
條件，自應。

六　解決濟南事件臨時協定

日本駐華芳澤公使致王部長照會

民國十八年三月廿八日

為照會事：山東日軍撤去後，國民政府以全責保障在華
日僑生命財產之安全，則帝國政府擬自關於解決本案文
件互換簽字之日起，至多兩個月內，將山東現有日本軍
隊全部撤去。本公使特向貴部長通知，並關於日軍撤去
前後之措置，應由中日兩國各派委員就地商議辦理，本
公使茲特向貴部長提議。相應照請查照。須至照會者。

王部長致日本駐華芳澤公使照會

民國十八年三月廿八日

為照會事。准本日貴公使照會內開：山東日軍撤去後，
國民政府以全責保障在華日僑生命財產之安全，則帝
國政府擬自關於解決本案文件互換簽字之日起，至多
兩個月內，將山東現有日本軍隊全部撤去。本公使向
貴部長通知，並關於日軍撤去前後之措置，應由中日
兩國各派委員，就地商議辦理，本公使茲特向貴部長
提議等因。查在華外人，國民政府依照國際公法負責
保護，向有聲明，故此後國民政府對於日僑之保護，
實為當然之事。

來照所開撤兵日期及期間，業經知悉。關於日軍撤去
時之接收辦法，貴公使提議由兩國政府各任命委員，

就地商議辦理，本部長表示同意，相應照復查照。須
至照會者。

聲明書

中日兩國政府對於去年五月三日濟南所發生之事件，鑑
於兩國國民固有之友誼，雖覺為不幸，悲痛已極。但兩
國政府與國民現頗切望增進睦誼，故視此不快之感情，
悉成過去，以期兩國國交益臻敦厚，為此聲明。

議定書

關於去年五月三日濟案發生，中日兩國所受之損害問
題，雙方各任命同數委員，設立中日共同調查委員會，
實地調查決定之。
中華民國十八年三月二十八日在南京

中華民國外交部長　　王正廷
日本帝國特命全權公使　芳澤謙吉

民國史料 09

近代中日關係史料彙編：
國民政府北伐後中日直接衝突

Historical Documents on Modern Sino-Japanese
Relations: The Sino-Japanese Conflicts After
the Northern Expedition

編　　者　民國歷史文化學社編輯部
總 編 輯　陳新林、呂芳上
執行編輯　林育薇
封面設計　溫心忻
排　　版　溫心忻、盤惠秦

出 版 者　　🛡 開源書局出版有限公司

香港金鐘夏愨道 18 號海富中心
1 座 26 樓 06 室
TEL：+852-35860995

✹民國歷史文化學社

10646 台北市大安區羅斯福路三段
37 號 7 樓之 1
TEL：+886-2-2369-6912
FAX：+886-2-2369-6990

銷 售 處　源流成文化 股份有限公司
10646 台北市大安區羅斯福路三段
37 號 7 樓之 1
TEL：+886-2-2369-6912
FAX：+886-2-2369-6990

初版一刷　2019 年 10 月 31 日
定　　價　新台幣 300 元
　　　　　港　幣　80 元
　　　　　美　元　11 元
I S B N　978-988-8637-34-8
印　　刷　長達印刷有限公司
台北市西園路二段 50 巷 4 弄 21 號
TEL：+886-2-2304-0488